¿QUE ES EDUCACIÓN?

Por

Rev. Gustavo Bermudez

authorHOUSE®

AuthorHouse™
1663 Liberty Drive
Bloomington, IN 47403
www.authorhouse.com
Phone: 1-800-839-8640

First published by AuthorHouse 3/5/2010

ISBN: 978-1-4490-9115-6 (e)
ISBN: 978-1-4490-9116-3 (sc)

Library of Congress Control Number: 2010902509

Printed in the United States of America
Bloomington, Indiana

This book is printed on acid-free paper.

NOTA DE AGRADECIMIENTO

Agradezco primeramente al Señor la
oportunidad de escribir este libro,
espero que pueda ser de utilidad a
aquellas personas
interesadas en la educación
de sus hijos. Y también agradezco
profundamente a mí querida esposa
Martica, por su ayuda en la
Organización y redacción
de este trabajo.
Quiero dedicar este libro a mis cuatro
hijos, por quienes pido al Señor cada
día que los bendiga a ellos
y a toda sus familias.

Gustavo Bermúdez

Reconocimiento

Estoy profundamente agradecido al misionero y hermano en Cristo, Arthur Yates por su eficiente cooperación en este pequeño libro. Sin su dirección y ayuda generosa hubiera sido imposible que esta breve obra saliera a la luz.

CONTENIDO

Preámbulo

Al escribir este libro, lo hago porque tengo dos razones que para mí son muy importantes.

La primera es que amo este gran país aunque no nací en él. Sé apreciar lo maravilloso que es vivir en un país, donde existe libertad y justicia, lo que no hay en mi tierra.

Vivo aquí desde hace muchos años y no tengo riquezas, pero me ha dado la oportunidad de criar mi familia honradamente, y de servir a Dios como ministro del evangelio con toda libertad y eso para mí es muy importante.

La segunda razón que me impulsa a escribir este libro es que creo que todo ciudadano tiene el derecho de saber acerca del peligro que pone en riesgo su futuro y el de su familia. Estas son las razones que me mueven a escribir este breve libro. Creo que si el lector se tomara la molestia de informarse de lo que está pasando en nuestro país, se podrá dar cuenta que estamos mal.

Sabemos que desde el fin de la segunda guerra mundial este país ha gastado millones de dólares para defenderse de la agresión comunista. Pero hoy estamos buscando como unirnos a ellos, quiero que sepan que ahora no hay agresión visible pero eso no quiere decir que su filosofía ha cambiado.

Al escribir este libro sólo quiero señalar las cosas que pueden destruir nuestras vidas, nuestras familias y nuestro país. Aquí puedo decir una frase que se hizo popular en Cuba, mi país de origen, conozco el monstruo por que viví en sus entrañas".

Quiero repetir aquí parte de la información que envió J. Edgar Hoover, siendo ayudante especial del procurador general de Estados unidos, en el gobierno del presidente Woodrow Wilson. Este elocuente ciudadano fue Director de FBI, escribiendo un informe sobre el comunismo a su jefe escribe: le informo que estas doctrinas ponen en peligro la felicidad de las comunidades, la seguridad de todos, la existencia de la familia, la paz del hogar, acaban con la paz del país, arrojándolo a un estado de anarquía, desenfreno e inmoralidad que sobrepasa a todo lo imaginable.

Así que el propósito de este libro es para advertir el peligro en que nos encontramos si seguimos como vamos. Si puedes hacer algo por tu país, hazlo antes que sea tarde. Yo sé que no todo está perdido, creemos que hay muchos miles de personas en este país que temen a Dios y aman la libertad, creo que si nos informamos y buscamos la dirección de Dios podremos conservar nuestra libertad.

¿Qué Es Educación?

El Diccionario La Rousse dice en una de sus definiciones, "La educación es un conjunto de las costumbres y buenos modales conforme a ciertas normas y costumbres de la sociedad." Nosotros sabemos que es también la acción, o conjunto de acciones destinadas a desarrollar sus capacidades intelectuales en una o varias áreas del conocimiento, tiene que ver con impartir o trasmitir el conocimiento. Eso puede hacerse en diferentes maneras, ya sea sistematizada, experimental o de manera informal. Es un proceso donde se pueden usar diferentes métodos. Entendemos que hoy la educación en nuestro país está perdiendo sus valores, estamos cayendo en una vulgaridad y una falta de respeto a las autoridades en el sistema educativo que nos espanta, y por tal razón queremos informar tanto a nuestros padres, como a nuestros maestros, educadores y gobernantes que necesitamos hacer algo para educar a nuestros hijos en una manera correcta.

El ser maestro lleva una gran responsabilidad, en la antigüedad según la historia de la educación Hebrea, Asiria y Griega, los maestros eran personas con alta estima. Debían ser personas morales y con la debida preparación académica para estos puestos, y tener vocación para el desempeño de esa honrosa posición.

El educador o el maestro debe ser una persona que pueda ser un ejemplo a sus alumnos, pues está comprobado que los niños aprenden más por lo que ven que por lo que oyen, debe honrar a Dios, a la patria y las leyes del país. Otro de los factores que me parece ignominioso es que ni los maestros ni los alumnos puedan expresar sus creencias o puntos de vista en cuanto a la Deidad. Cuando se coacciona la razón y la libertad de las personas especialmente en lo relacionado con la educación, no puede haber una educación saludable.

Los educadores y los gobiernos que son responsables por la educación de los pueblos deben saber que la educación radica principalmente en el conocimiento de Dios. Las filosofías y dogmas que no ponen el fundamento en Cristo, que fue el maestro por excelencia están destinadas al fracaso. Porque la educación no consiste solamente en el conocimiento de las ciencias y filosofías humanas, sino también con el comportamiento, la honradez y decencia de los individuos.

El gran apóstol de la libertad de Cuba, José Martí dijo, "El maestro es como el Sacerdote, saca al hombre de las tinieblas de la ignorancia, a la luz de la civilización." La longitud del fundamento de la educación y sus sistemas demandan que tanto el educador como los alumnos se rijan por las reglas de la ética y la moral, se ha comprobado que si la enseñanza no va acompañada de un sistema moral, tal educación no llegará a alcanzar su cometido, que debe ser el progreso y el bienestar de los pueblos.

Se ha comprobado por la historia de las grandes civilizaciones que cuando la ética, la justicia y la moral de una sociedad o de un país se corrompen, van al fracaso económico, social y espiritual. Es de gran importancia que el maestro conozca la filosofía del aprendizaje pues hasta cierto punto el es la persona responsable del progreso de los alumnos.

DISPOSICIÓN DEL EDUCADOR:

Debe estar consciente que el progreso educativo de esos niños está en sus manos, que ellos aprenderán no sólo lo que puedan ver en los libros sino lo que puedan ver en su maestro. Debe estar consciente de su responsabilidad ante la sociedad y ante Dios. Debe mostrar simpatía y respeto por todos los estudiantes, sin importar su raza, su color o su religión.

LOS ALUMNOS:

Creo que uno de los grandes fallos que tenemos en la educación hoy es debido a la autoridad que se les ha dado a los alumnos, autoridad que se les ha quitado a los maestros, por lo que la mayoría de los estudiantes no respetan a sus maestros. Eso lo podemos llamar autoestima, pero no veo que eso este dando resultados positivos. Creo que el alumno debe respetar al maestro, darle su atención y obedecer las órdenes que da el maestro, siempre y cuando tengan que ver con el programa educativo.

Sabemos que la educación ha avanzado mucho. Los métodos han cambiado, distintos sistemas han surgido y esto es bueno, como por ejemplo el sistema I-Pod de Matthew Lymond. Ya tenemos unas cuantas instituciones que usan este sistema que expande el campo de la enseñanza a todos, de cualquier edad y en cualquier lugar.

Este sistema esta transfiriendo la enseñanza de las aulas de estudio a equipos de música, (Media player) que gracias al avance de la tecnología la puede llevar hasta en un bolsillo. Cualquier curso o material de estudio de escuelas profesionales lo deben encontrar en Tune University, en Sanford University, en Oxford, y en Warwik College.

Algunas escuelas en Londres están usando ese procedimiento, usando videos, audio y cartas que se pueden usar en las computadoras, equipos de música y teléfonos. Así que le da la oportunidad a cualquier persona, en cualquier lugar a adquirir un título universitario sin ir a la Universidad.

Tenemos otros sistemas que han revolucionado la enseñanza, como Developmental Foundations, basado en el desarrollo neurótico de las personas, desarrollado especialmente para niños con problemas de bajo rendimiento académicos o con problemas de comportamiento.

Este es un tiempo donde el conocimiento humano se ha desarrollado de manera extraordinaria. Es un regalo de Dios para el bien de la humanidad pero no siempre sucede así, sino que los adelantos del conocimiento han traído el oprobio de los pueblos, ponemos como ejemplo Cuba, Venezuela, Bolivia y otros países donde los gobiernos comunistas bajo la dirección de un tirano, a coaccionado la libertad y hundido estos países en la pobreza y la miseria.

Los pueblos no aprendieron de lo que sucedió

en Rusia, Checoslovaquia y Polonia. Lo triste es que nuestro gobierno parece que va en esa dirección. Por favor levanta tu vista y clama al Dios Todopoderoso que nos de sabiduría para defender nuestra libertad, nuestra democracia y más que nada y sobre todo nuestra fe en Cristo Jesús, el único que trae Salvación y la seguridad del descanso eterno. Porque de todo el conocimiento que hay en el mundo, el más importante es el conocimiento de la ley de Dios. Y eso sólo lo podemos alcanzar por medio de la fe en el sacrificio Vicario de Cristo Jesús en la Cruz del Calvario y en el estudio de la Palabra de Dios que es la Santa Biblia.

En realidad, hoy tenemos no solo el avance de la educación, la ciencia y la tecnología, sino que tenemos a nuestro alcance todo tipo de información por medio de la computadora, a veces nos sentimos que estamos nadando en un mar profundo o como el que recoge arena en las playas. Tenía razón alguien que dijo. Mientras el hombre más aprende dentro del conocimiento humano, más olvida. Así es que si olvida más, sabe menos, y el hombre que menos conocimiento adquiere, olvida menos, así que si olvida menos sabe más.

El único conocimiento que no se olvida, es el que viene de Dios mismo. Santiago dice: "Pero la sabiduría que es de lo alto es primeramente pura, después pacifica, amable, benigna, llena de misericordia y de buenos frutos, sin incertidumbre ni hipocresía." (*Santiago 3:17*) Entendemos que la sabiduría del 'mundo por lo general, viene contaminada por ideas de la nueva era, o influenciada por las teorías socialistas. Por lo que debemos defender nuestra libertad mientras que sea posible.

Volvamos a Nuestras Bases:

Es fácil viviendo en una sociedad tan civilizada y orientada a la producción olvidar que es lo que queremos en realidad. Alguien dijo que nos preocupamos tanto por ganarnos la vida, que en realidad no tenemos vida.

Tenemos muchos adelantos de la ciencia y la tecnología que se supone que es para facilitarnos la manera más cómoda y fácil de vivir, pero en realidad no sucede así. La tecnología a traído gran progreso a las industrias y negocios, se suponía que eso diera rapidez para poder alcanzar nuestras metas, pero seguimos corriendo a la misma velocidad.

El Internet nos ha dado acceso a toda clase de información y por supuesto esto es maravilloso, pero esto no nos ha enseñado como vivir de manera más pacífica, seguimos con los mismos problemas de antes.

Los avances en la medicina han sido muy grandes. Han curado muchas enfermedades, pero no han podido curar el mal del corazón del hombre.

Hoy podemos viajar a velocidad increíbles; en vehículos cómodos, pero a pesar de esa movilidad no ha unido a los pueblos hacia la paz y el bienestar social. Vemos que a pesar de todos los avances de la ciencia, el progreso de la tecnología, y hasta las buenas intenciones del hombre no hemos conseguido el bienestar y el sosiego de los pueblos.

Alguien dijo: El hombre tiene un vacio en su interior que tiene la forma de Dios y no hay ninguna cosa que lo puede llenar que no sea Dios mismo. Creemos que esa es la razón que a pesar de todos los adelantos de la civilización el hombre sigue insatisfecho. Por esa razón creo que lo único que trae paz, gozo y satisfacción a los seres humanos es la fe en Cristo Jesús.

En la vida siempre habrá distracciones, esto no es un error, pero debemos reaccionar a todo lo que está pasando a nuestro alrededor y ver que podemos hacer para mejorar nuestra familia, nuestra sociedad y nuestra patria.

Esto tiene que ver con la educación de nuestros pueblos, sabemos que mirar atrás no siempre es bueno, pero creo que debemos considerar el fundamento o la base de nuestra nación, para evitar los males que pueden venir con el avance de la civilización, la base de nuestro país fueron basados en principios bíblicos, volvamos a nuestras bases.

SUCEDIÓ EN LOS ESTADOS UNIDOS

Esta es una declaración que fue leída sobre el sistema (PA) de información en un juego de football en el condado de Roane, en un estadium de football en Kingston, Tennessee en el mes de Noviembre de 2009. Por el principal de la escuela el señor Jody Mcleon dijo: En el condado Roane siempre ha sido la costumbre que en los juegos de football de los jóvenes de high school se ha hecho una oración y se ha cantado el Himno Nacional, para honrar a Dios y a nuestro país. Pero por causa de la ley aprobada por la Corte Suprema de Justicia, se me ha informado que hacer una oración es una violación de una ley federal, yo no entiendo las leyes en este tiempo.

Yo puedo usar las facilidades de esta escuela para aprobar o condonar perversión sexual, y llamarlo "una alternativa a un estilo de vida" y si alguien se ofende está bien, no importa. Yo puedo usar este lugar para permitir promiscuidad sexual y repartir condones, y llamarle a eso "sexo seguro", y si alguien se ofende, está bien, no importa.

Yo puedo usar estas facilidades públicas para elogiar a las madres que matan sus hijos en abortos, como un camino posible para el control de nacimientos de niños, y si alguien se ofende, no hay problema, eso no importa.

Yo puedo designar aquí un día de Honrar la tierra, y envolver los estudiantes en actividades para adorar la tierra, honrar la buena madre tierra, a eso lo llamamos ecología. Yo puedo aquí usar literatura, videos y hacer en mi aula una presentación o una descripción de gente con fuertes convicciones cristianas tradicionales como personas pesimistas e ignorantes y eso lo llamamos iluminación o inteligencia.

Pero por supuesto si alguna persona quiere usar estas facilidades públicas para honrar a Dios, y pedirle que bendiga un evento como este con seguridad y un espíritu deportivo, estamos violando una ley federal, en los Estados Unidos de América.

Esto parecería ser inconsistente, pero, para bien o para mal, parece ser diabólico. Aparentemente somos las personas más tolerantes en todas las cosas y aun de cualquier situación personal, con excepción de Dios y sus mandamientos, eso está prohibido. Sin embargo yo, como principal de esta escuela, pregunto frecuentemente a mis colaboradores y estudiantes, que deben cumplir las reglas establecidas aun que no estén de acuerdo con ellas. Si las cumplen o no para mí no es mejor ni peor, aunque puedo ser hipócrita, pero yo sufro de esta afirmación por lo que no necesito añadir intencionalmente transgresión alguna.

Por esta razón, yo doy a Cesar lo que es de Cesar, yo me abstengo de orar por ahora. De todos modos si ustedes se sienten inspirados a honrar, glorificar y agradecer a Dios y pedirle a Él en el nombre de Jesús que bendiga este evento, por favor siéntanse libre para hacerlo, por lo que yo sé todavía la ley no está confirmada.

Y uno por uno mientras estaban de pie, bajaron sus cabezas, se tomaron de las manos y comenzaron a orar, oraron los que estaban de pie en el estadio, oraron los que estaban preparados para el juego, y oraron los que dirigían y también oraron los anunciantes.

Todos oraron, pero en el único lugar que no se oró fue en la Corte Suprema de Justicia de los Estados Unidos de América. En lo que se supone, que somos una nación bajo Dios. De alguna manera en Kingston, Tennessee, recordamos lo que muchas personas han olvidado en los Estados Unidos, recordemos que se nos ha dado la libre expresión que incluye la libertad de culto.

Por supuesto eso es un aviso de las leyes que ya se están imponiendo en algunos lugares. Se acercan tiempos difíciles. La venida de Cristo esta cerca. La palabra de Dios dice: "...prepárate para venir al encuentro con tu Dios, oh Israel. Porque he aquí, el que forma los montes, crea el viento y anuncia al hombre su pensamiento; el que hace de las tinieblas mañana, y pasa sobre las alturas de la tierra; Jehová Dios de los ejércitos es su nombre." (*Amós 4:12b-13*)

REFLEXIÓN

El proceso de la civilización ha traído a las sociedades el avance de la ciencia, la música, el arte y la literatura, lo cual ha traído alegría, conocimiento, progreso y bienestar económico al mundo. Esto es posible cuando la educación es orientada bajo los principios establecidos por las leyes de Dios, y para dar una idea de lo que quiero decir suscribo los consejos del sabio Salomón hijo del Rey David. Estos proverbios son: "Para entender sabiduría y doctrina, para conocer razones prudentes, para recibir el consejo de prudencia, justicia, juicio y equidad, para dar sagacidad a los simples, y a los jóvenes inteligencia y cordura. Oirá el sabio y aumentará el saber y el entendido adquirirá consejo, para entender proverbio y declaración, palabras de sabios y sus dichos profundos. El principio de la sabiduría es el temor de Jehová." (*Prov. 1:2-7*)

Ojalá que las personas encargadas de la educación de nuestros niños puedan entender esto porque parece que como diría acertadamente Billy Graham en la oración pública por su pueblo, los políticos gobernantes y educadores han tergiversado estos principios, y por si el lector de este libro no la conoce la reproduciré aquí:

"Padre Celestial, venimos ante tu presencia hoy para pedir perdón y buscar dirección y guía. Sabemos que tu palabra dice: hay de los que a lo bueno le llaman malo, y a lo malo le llaman bueno. Pues pienso que es exactamente lo que hemos hecho. Hemos perdido el equilibrio espiritual y revertido sus valores. Hemos explotado al pobre y a eso le llamamos lotería, hemos aprobado la holgazanería y le llamamos bienestar social, hemos matado a los niños que aun no han nacido, y lo llamamos, el derecho de la mujer, hemos matado los aborcionistas y lo llamamos justicia, hemos abandonado la disciplina y lo llamamos auto estima, hemos abusado la autoridad y lo llamamos política, hemos codiciado la propiedad ajena y a eso lo llamamos ambición, hemos infectado el aire con pornografía y lo llamamos libertad de expresión. Examínanos oh Dios, y conoce hoy nuestra razón, límpianos de todos nuestros pecados y libértanos. Amén."

Así es también nuestra petición al Señor, Dios todopoderoso que nuestros gobernantes, nuestros educadores y nuestros políticos que puedan levantar la mirada al cielo y dejar su actitud irreverente y autoritaria y comiencen a poner su atención en Dios y en la educación de nuestro país. Me parece pertinente aquí una reflexión del filósofo Alemán Emmanuel Kant, "Dos cosas llenan mi alma de admiración siempre creciente, el cielo estrellado por encima de mí, y los astros dentro de sus órbitas como todo el conjunto de la creación." Está hablando del orden de las leyes establecidas por Dios en su Creación, esto es para que nos sirva de ejemplo. Este gran hombre de ciencia, miró al cielo, nuestros hombres hoy no pueden mirar las maravillas de Dios porque están muy preocupados por las cosas de la tierra. El Salmista David dice, "Los cielos cuentan la gloria de Dios, y el firmamento denuncia la obra de sus manos." (*Salmos 19:1*)

Cuando vemos las cosas que están sucediendo queremos gritar "Sursum corda" Elevad los corazones a Dios. Estas son palabras que pronuncia el sacerdote en la misa, al comienzo del prefacio se pronuncian estas palabras para significar que se está llamando a los pensamientos elevados del hombre.

Estamos viviendo en un país maravilloso, hasta ahora todo nos ha ido bien, pero creo que hemos tomado el camino equivocado por lo que veo que si no cambiamos nuestra actitud, vamos a sufrir las consecuencias, la palabra inerrante de Dios dice, "Todo lo que el hombre sembrare eso también segará." Gal. 6:7

Una de las razones por las que me he decidido a escribir este libro es con el propósito que muchas personas que aman a Dios y a este país tengan conciencia de lo que está sucediendo en nuestro país y las consecuencias que esto puede traer sólo la conciencia popular puede cambiar el destino de los pueblos. Y como ejemplo puedo poner el caso de Nínive, que a pesar del castigo anunciado por Dios fueron perdonados, por que cambiaron de rumbo y se arrepintieron de su mal camino. Jonás Cap. 3

¿A Quièn Debemos Culpar?

Creo que todos tenemos responsabilidad, pues, de una manera o de otra todos hemos cometidos errores unos por callar, y otros por actuar en contra de la voluntad del pueblo y abusando así de su autoridad.

En primer lugar yo culpo a la Corte Suprema de Justicia que pues no sé donde estaba la justicia, por que una persona protestó, por la lectura de la Biblia y la oración, fue eliminada sin embargo no se tomó en cuenta más de 15 millones de personas que no estaban de acuerdo. Alguien me puede decir, ¿Dónde quedó la democracia?, ¿Donde está la justicia? Creo que estos jueces fueron en contra de Dios, de la Justicia, de la voluntad popular y de la Patria.

Aquí quiero que recuerden la palabra infalible de Dios: "...la justicia libra de muerte." (*Proverbios 10:2*) "Porque es necesario que todos nosotros comparezcamos ante el tribunal de Cristo, para que cada uno reciba según lo que haya hecho mientras estaba en el cuerpo, sea bueno o sea malo." (*2 Corintios 5:10*) Créalo o no es una realidad.

Desgraciadamente hoy estamos cosechando el fruto de sus decisiones, el problema en las escuelas es grande, aunque no lo quieren reconocer. Esta decisión perjudica a todos, pero más que nada a los niños, que serán nuestros líderes futuros. Pero como dije antes no culpo sólo a la Corte Suprema de Justicia, también culpo al gobierno, a la Cámara y al Senado encargados de defender al pueblo que los puso en ese lugar de autoridad, no para su propio bienestar sino para que hicieran leyes que beneficiaran al pueblo. Ellos pudieron evitar esto. Y también culpo a nuestro presidente, el finado John F. Kennedy, por que en cierta manera estuvo de acuerdo con esa decisión.

La mayoría del pueblo de nuestra Nación sabe que fue un error, pero algunos poderosos ateos no lo permiten, y mientras tanto sigue la situación empeorando, se siguen destruyendo nuestros niños, nuestra educación y nuestro país.

La Palabra de Dios dice: "Por la bendición de los rectos la ciudad será engrandecida; Mas por la boca de los impíos será trastornada." (*Proverbios 11:11*) También en Proverbios 29:2 dice: "Cuando los justos dominan, el pueblo se alegra, Mas cuando domina el impío, el pueblo gime."

También culpo al pueblo Americano, por que habiendo tantos millones de personas, que dicen no estar de acuerdo y se quejan de los problemas en las escuelas y las universidades, no hacen nada para cambiar la situación. Nosotros somos los que elegimos nuestros líderes, por no mirar bien a quienes elegimos para que nos dirijan. Pero la realidad es que nos conformamos con llegar a casa y sentarnos a ver mi deporte favorito mientras que nuestros hijos y nietos están en peligro de ser golpeados o muertos en nuestras escuelas por nuestra negligencia.

En nuestras escuelas no se puede hablar de Cristo ni de la Biblia, pero si se puede hablar de todo tipo de sexo, de pornografía, de drogas. Y aun de otras religiones, y nadie dice nada.

La Biblia el libro más maravilloso de la tierra no se puede leer, porque nuestro educadores no quieren que los niños conozcan la verdad de la creación, para seguir enseñando la mentira de la evolución cuando todo el que tenga un poco de sentido común sabe que eso es imposible, así como la teoría de la explosión (The Big Bang) sabiendo que casi todos los científicos han rechazado estas teorías. Refiriéndose a eso dijo el filósofo, astrónomo Ingles, Newton: La Teoría de la Evolución no tiene ni una "J" de verdad.

La Biblia no solo tiene religión, tiene historia, literatura y todo es cierto, real, verdadero. Y también quiero culpar a las Iglesias, siendo que en este país hay miles de Iglesias de todas las denominaciones nadie protestó, por la injusticia que se cometió con nuestros hijos, contra Dios y contra nuestra patria.

En realidad el autor de este libro no es una persona importante, soy un viejo predicador y mi única forma de protestar; es por medio de este libro pero como ciudadano de este país, y amante de la libertad deseo ver nuestro país prosperar, bajo la protección de Dios.

Quisiera despertar las conciencias de todos los ciudadanos honrados para que entiendan que si no hacemos algo por nuestra patria pereceremos, como ha sucedido con todas las grandes civilizaciones que han dejado los principios establecidos por Dios.

Damos gracias al Señor que somos todavía un país democrático, donde podemos elegir las personas que nos gobiernen. Creo que muchas veces hemos elegido mal. Elegimos a alguien porque es de nuestro partido o por algún beneficio personal. Lo estamos haciendo mal. La pregunta que debemos hacernos es, ¿Qué puede el candidato hacer en favor del pueblo?

Pues, tenemos personas en nuestros líderes que han propuesto el abuso sexual de nuestros niños. Algunos han sido acusados de abusos de niños, de pornografía de niños, y todo tipo de desvergüenza, y todavía están en sus puestos. Nuestros hijos no merecen eso.

Yo se que también tenemos personas que merecen nuestro respeto y los aplaudimos, pero debemos limpiar el trigo, arrancando la cizaña.

Recordemos los tiempos cuando los Estados Unidos de América éramos una nación admirada por el mundo entero, exceptuando los países comunistas que eran Rusia y La China Comunista. Ahora casi todos los países nos odian, menos Rusia y China, donde tenemos tratos comerciales. No estoy diciendo que sea malo o bueno, pero es un cambio que me preocupa.

Nuestros líderes aunque con sus errores, pero eran honestos, amaban la patria, buscaban el bienestar del pueblo. Hoy la gran mayoría sólo buscan su propio bienestar. Suben a un puesto político y de la noche a la mañana se hacen millonarios, mientras que el pueblo se hace más pobre, y la solución para todos los problemas económicos es subir los impuestos.

Además de los problemas sociales de nuestro país tenemos los problemas económicos. El dinero desaparece de los bancos y de las grandes compañías como por arte de magia. Nadie sabe dónde está y nadie pregunta por qué, la única solución es darle más dinero y por supuesto eso lo paga el pueblo.

Nuestro país tiene una deuda multi-Billonaria, pero

se sigue pidiendo prestado, nuestro dinero está yendo a parar a las manos de nuestros enemigos. Los que deben defender al país lo están hundiendo más.

Hay mucha demagogia y mucha mentira en la mayor parte de los planes de nuestro gobierno. Hasta cuando estaremos callados viendo como nuestro gran país se va destruyendo. Recordemos los tiempos cuando este país era una nación admirada y respetada por el mundo entero, teníamos personas que amaban la patria, y se interesaban por el bienestar de los ciudadanos de este gran país, reinaba la justicia y la honradez, no tenemos muchas de esas personas ya.

Con tristeza lo digo, pues amo este país, estamos en un momento que cada cual busca lo suyo propio, sin importar a quien pueda perjudicar, una gran parte de nuestros políticos y gobernantes no están pensando en el bienestar del pueblo. Más bien piensan como alcanzar lo que quieren lo más pronto posible.

Las grandes compañías y muchos de los bancos se están yendo a la bancarrota pero los dueños salen millonarios, pero nuestros gobernantes no se enteran.

Estamos promoviendo todo tipo de inmoralidad, que le cambiamos los nombres, y se ve muy bien. En el 2009 se proclamó oficialmente el mes de Junio como el mes de los homosexuales, bisexuales, y transexuales, pero a nadie se le ocurrió celebrar el día de los hombres y las mujeres que han sido fieles y honrados con sus cónyuges.

Estamos preocupados por la vida y la salud de nuestro país. Pues sabemos que muchas de estas decisiones nos pueden quitar la protección de Dios. No tenemos nada contra nadie, les amamos. Pensamos que muchas personas hoy están equivocadas por falta de dirección y ayuda. Tanto en el sentido de su educación sexual como en el sentido espiritual, o religioso.

Creo que queremos imitar las naciones que han desviado el camino y andan confundidas, como pienso que son: Gran Bretaña, Australia y casi todos los países europeos. Yo sé que cuando mencionamos algunos de las diferentes formas de vidas o costumbres de una sociedad, nos llaman retrógradas, o fanáticos religiosos, pero la Palabra de Dios, que no se equivoca nos muestra que están confundidos.

Hoy muchas Iglesias lo aprueban, yo sé que no se debe discriminar, y yo no estoy haciéndolo, estoy señalando que la Biblia dice que hay una sola forma de matrimonio, y para eso tenemos el ejemplo de Adán y Eva.

La idea que queremos enseñar aquí es lo que dice la Palabra de Dios. Esto no es una crítica, es una protesta sobre lo que a nuestra manera de ver las cosas está mal, y pienso que todavía estamos a tiempo de rectificar.

Pues yo no entiendo que lo que conocimos por muchos años, yo tengo 80 años, como una perversión moral, ahora es un estilo de vida moderna. Es increíble que nuestro sistema educativo y nuestros sistemas morales, que por cientos de años fueron aceptados como buenos, ahora son malos y vetustos.

Yo se que de acuerdo con las leyes establecidas debemos aprobarlo, o seremos acusados de intolerancia. No pretendo cambiar las leyes de este gran país, sólo quiero dar mi opinión como un ciudadano que vive en un país libre, y presentar mi argumento sobre las cosas que entiendo por la Palabra de Dios que no están bien.

Quiero exponer aquí de manera clara lo que yo entiendo que está mal dirigido, yo creo que todas las personas, sin distinción de raza, de color, de posición social, de sexo, de religión o de ideología política merecen nuestro respeto y consideración. Pero me gustaría que nos detuviéramos a pensar por un momento hacia dónde va nuestro país.

LA EDUCACIÓN Y LA TEORÍA
DE LA EVOLUCIÓN

En nuestras escuelas públicas, bajo la dirección y tutela del departamento de educación de nuestro país, está prohibido enseñar la creación como la hemos conocido por cientos de años, o sea como lo enseña la Biblia. De acuerdo a la Corte Suprema de Justicia porque no es científica, pero la teoría de la evolución tampoco es científica; no tiene ni la más remota prueba de su fantástica teoría.

No sé si nuestros Magistrados saben que no se ha podido probar la tramitación de las especies, de acuerdo con la suprema corte no se puede enseñar como realidad como aparece en las Sagradas Escrituras, pero lo que no han podido probar es que lo que dice la Biblia no es cierto. Pero sí se ha podido probar que las teorías evolucionistas es un invento de hombres. Como es posible que en un país como este los hombres que están en esas posiciones como éstas cometan tan grande error, no lo entendemos.

Creo que la única excusa que tienen es que es un punto religioso, pero si no quieren usar nada de lo que la Biblia dice tendrían que cambiar muchas cosas, como los puntos, cardinales, el nombre de los astros, las estaciones del año y muchas cosas más.

Creo que mientras que haya sol y luna, estrellas, día y noche pueden inventar muchas cosas, pero lo que Dios hizo le seguirá dando testimonio que Dios es real. Todos en este país sabemos que la teoría de la evolución no está basada en pruebas científicas, sino más bien está basada en aquellos que no pueden y no quieren ver la realidad de Dios, han creído encontrar un sustituto para quitar a Dios de en medio.

Hace más de 50 años que se está enseñando la teoría de la evolución en todos los países comunistas, ateos y materialistas la enseñan, y aquí también la han adoptado, no porque lo creen sino porque les conviene a sus intenciones.

Lo que más me sorprende es que mientras más tiempo pasa menos pruebas tienen. La teoría de Darwin no se ha podido probar científicamente. Cuando los evolucionistas nos dicen que apareció en un charco de agua una célula viva, nos parece un cuento de Hadas. Para obtener una célula viva es necesario una serie de elementos que no es posible que se puedan unir por accidente, una célula viva regular tiene unos 4,790,000 moléculas, compuestas de unos 456 componentes distintos, distribuidos en cantidades exactas, y eso solo lo puede hacer Dios. Así como el proceso de transformación por reproducción espontánea es imposible.

Grandes hombres de ciencias han rechazado estas ideas, con pruebas de laboratorio como son: El Dr. N. W. Pierre. De Rothamstead Experimental Station, Hapenden, Inglaterra, El filósofo astrónomo Ingles, Isaac Newton, que después de haber estudiado la teoría de Darwin dijo, "La teoría de la evolución no tiene ni una "J" de veracidad." Dr. D. T. Gish, Ph.D, Profesor de la

Universidad de California, hombre de gran experiencia en trabajos de laboratorio dijo, "No es posible que una célula viva se pueda formar por accidente."

Los evolucionistas no pueden probar de donde salieron los neutrones, electrones, protones, átomos y los demás componentes que necesita una célula viva, ni quien lo pudo unir tan exactamente. Creo que es mucho más creíble lo que Dios dice en su palabra: "En el Principio Dios creó los cielos y la tierra…" y todo lo que en ellas hay. (*Genesis 1:1-28*)

Otro problema con la evolución es la ley de Termodinámicas. Sabemos que la energía no se crea ni se destruye, sino se transforma, pero de acuerdo con Einstein, toda conversión de energía va acompañada de perdida. Es decir, la energía de la primera forma no se transforma íntegramente. Esto lo prueba la Entropía. Que se considera la segunda ley Termodinámica. Esto, por su puesto es lo opuesto a la ley de reproducción progresiva por generación espontánea. Las mutaciones por generación espontánea no puede mejorar y mucho menos transformar las especies.

Cuando los evolucionistas llegan a la creación del hombre tienen muchas excusas, que hasta ahora han probado ser sólo excusas. Tenemos el eslabón perdido, tienen algunos nombres que impresionan a los indoctos, y algunas historias, Como el hombre de Cro-magnon y el hombre de Neandertal, podemos decir como dijera el escritor Jaime Carder, en su libro, "¿Es cierta la Evolución?" Si la dificultad más grande de los evolucionistas fuera el problema de la pérdida del eslabón no sería tanto el problema es que también han perdido la cadena.

Que fácil es creer lo que la palabra de Dios dice,

necesitamos tener fe para eso, pero para creer la evolución necesitamos tener fe, inocencia, pocos deseos de razonar. El Salmista David dice: "Los cielos cuentan la gloria de Dios…", y la expansión denuncia la obra de sus manos. (Salmos 19:1)

Cuando el Astronauta Frank Borman volvió de su viaje alrededor de la luna, le preguntaron si había visto a Dios, el contestó, "No lo vi, pero vi evidencias de El." El apóstol Pablo dice en Romanos 1:19-20: "porque lo que de Dios se conoce les es manifiesto. Porque las cosas visibles de Él, su eterno poder y deidad, se hacen claramente visibles desde la creación del mundo, siendo entendidas por medio de las cosas hechas, de modo que no tienen excusa."

Necesitamos pedir a Dios, que abra los ojos de nuestros educadores, nuestros jueces, gobernantes y también a nuestros ministros para que eduquen al pueblo sobre los errores para que dejen de envenenar a nuestros hijos y nietos, que es lo que están haciendo hoy en nuestras escuelas con estas falsas teorías evolucionistas.

Educación Sexual En Las Escuelas Públicas

Ha habido ciertas épocas en el mundo donde el enfoque al sexo ha sido la causa de grandes castigos por haber tergiversado, desvalorizado y extorsionado el maravilloso uso del sexo, algo que Dios mismo nos dio para placer y para la procreación de la raza. Como sucedió en Sodoma y Gomorra. También tenemos la historia de grandes potencias que han enfocando su punto de vista sólo en el placer han caído, como Babilonia, Grecia y Roma.

El sexo es algo bueno cuando se hace en los términos que está establecido por Dios, pero cuando se hace del sexo un objeto común de placer se pervierte y se desvaloriza y desgraciadamente esto es lo que están viendo y aprendiendo nuestros hijos tanto en la televisión, en novelas y películas como en los programas públicos donde se expone todo tipo de inmoralidad con una desfachatez impune.

Por otra parte tenemos la educación sexual de las escuelas públicas, y es importante que los padres sepan qué clase de educación sexual reciben sus hijos. Aunque de acuerdo con el Departamento de Educación (School Board), Se enseñan dos clases de Educación sexual. Hay muy pocas que enfatizan en la abstinencia hasta el matrimonio. Pues por lo general se enseña la práctica sexual explícitamente, por lo regular sin explicar el peligro a las enfermedades relacionadas con el sexo, también se extorsiona la correcta enseñanza dado que se ha popularizado el homosexualismo como una práctica moral, aunque la Biblia lo condena, y la propia naturaleza lo rechaza.

El Matrimonio, otro de los grandes problemas de los evolucionistas, fue la primera institución instituida por Dios mismo con Adán y Eva en el Jardín del Edén. Hombre y mujer, y desde ese tiempo que pensamos que hay un poco más de 6,000 años, se ha venido considerando el matrimonio, entre un hombre y una mujer. Ahora los que se suponen que conocen las leyes han cambiado el orden de las cosas y nuestros maestros y educadores, aunque no todos, se van con la corriente, esto sólo para satisfacer su lujuria.

Los niños que salen de nuestras escuelas salen confundidos, no saben ni que orientación tomar, lo que trae grandes problemas en los hogares. Por otra parte tenemos que una cantidad de niñas salen embarazada de nuestras escuelas, dado que la orientación que se les da las anima en vez de alejarlas del peligro de tener sexo antes de tiempo.

Y tenemos el problema de los abortos, permitidos por las leyes del estado para que lo hagan aun sin el permiso de los padres. Por esta razón quisiera que los padres y los ministros de las iglesias se interesen por la educación de nuestra juventud. Las pocas escuelas que practican la abstinencia sexual son mayormente escuelas cristianas, aun que hay también escuelas cristianas que siguen el programa de la educación sexual de las escuelas públicas de acuerdo con la estadística llevada a cabo por la GUTTMACHER INSTITUTO.

Los Estados Unidos tienen una de las más altas tazas de niñas en estado de gestación que muchos otros países. Los Estados Unidos doblan la cantidad de niñas en estado, teenagers (*12-17 años*) de países como Inglaterra, Canadá, Netherlands, y Japón. Y un aumento de actividad sexual en las escuelas medias, y altas.

Creemos que cuando se enseña propiamente la educación sexual, puede fácilmente ser como cualquier otro curso de estudios científicos, o sea como biología humana, sociología, anatomía o salud, como una preferencia académica dirigida a orientar, a evitar los errores que puedan perjudicar a los alumnos.

Otros Problemas, En Las Escuelas Son Las Drogas

De acuerdo al reporte de SWAN, nos dice que muchos de los problemas que tenemos hoy en las escuelas tienen que ver con el uso de drogas. El porcentaje de estudiantes de 8th, 10th y 12th usa a lo menos marihuana en la escuela, y va aumentando todos los años, eso es sin contar otras drogas que también se consumen en las escuelas públicas. Los maestros y educadores están preocupados por esta situación pero no le ven solución por el momento.

Otros De Los Grandes Problemas Son Las Gangas En Las Escuelas Públicas

Aunque la prensa no reportan muchas de estas actividades que llaman delincuencia juvenil no es menos cierto que en las escuelas hay muchos problemas con las gangas.

De acuerdo con el CENTRO NACIONAL DE EDUCACIÓN en su reporte de estadística informó que en los años 2003 y 2004, el 41% de las escuelas públicas reportaron actividades de las gangas en los alumnos de High School y el 31 % en las escuelas de enseñanza media. Los responsables de la educación en este país han puesto algunas estrategias en práctica que no les han funcionado. Una de las últimas fue que los estudiantes usaran uniforme, pero eso tampoco funcionó.

La Universidad del estado de Arizona hizo una investigación para ver como se podía mejorar esa situación en las escuelas. Estudiaron 415 escuelas, y 83 maestros se encontraron que en casi todas las escuelas había actividades de las gangas.

Sabemos que todos estos problemas están sucediendo por que se ha quitado la buena guianza y la han suplantado por leyes humanas. Sabemos que estas cosas se pueden mejorar pero nuestros gobernantes políticos y educadores no quieren buscar la dirección de Dios. Sabemos que la solución está en volver a los principios establecidos por los fundadores de este país pero no quieren hacerlo.

Objetivo Del Libro

El principal motivo de este libro es para llamar la atención a los problemas de la educación en este país y las consecuencias que esto está trayendo a nuestras escuelas y universidades. Queremos ver como podemos evitar males peores.

Sabemos que cuando se quebrantan las leyes traen consecuencias. Y sabemos que muchas de nuestras leyes han sido diseñadas por las leyes de la naturaleza y por las leyes establecidas en la Palabra de Dios. Las leyes de la naturaleza, que también fueron establecidas por Dios mismo, nos enseñan algo importante.

No hacen acepción de personas, el que las quebrante recibe las consecuencias de sus errores. Son universales, en su tiempo proveen interacción a las culturas. Y tiene una similitud a las leyes establecidas por los gobiernos del mundo. Están basadas en el bienestar de los pueblos, así como las leyes de la naturaleza están basadas en el buen funcionamiento de la creación.

Estamos de acuerdo en el progreso de la ciencia y la cultura para que las personas sean mejores ciudadanos, mejores profesionales, pero parece que todo va peor a pesar que tenemos grandes avances en todas las ramas de la ciencias. Tenemos ahora el gran telescopio Hubble, instalado en la estación espacial, recorre la tierra en 97 minutos tomando fotos y descubriendo las maravillas del espacio. Este telescópio pesa 11 toneladas, y mide 43 pies de largo, este aparato recorre la tierra, 2.5 millones de millas a una velocidad de 17,500 millas por hora, tomando fotografías. Estos avances nos alegran, pero necesitamos gobernantes, educadores, maestros y ministros que se ocupen de la educación de nuestros hijos y nietos.

Este es un gran país, tenemos libertad, y aunque la economía este muy mal, todavía hay buenas cosas. Pero estamos en peligro de perderlo. Muchos pueblos querían cambio, y así sucedió con grandes imperios y terminaron en la ruina. Sí, queremos cambio esto es sacar los políticos corruptos quien quiera que sean y los jueces que imparten su justicia sin mirar la voluntad del pueblo. Y pedir a Dios por ellos porque no saben que se tendrán que enfrentar un día, a la justicia de Dios. El objeto de este pequeño libro es despertar la conciencia de las personas que todavía aman la patria, la libertad y la justicia, y de alguna manera le dejen saber a los políticos y gobernantes de nuestro país que estamos preocupados por la situación de nuestro país, que no estamos de acuerdo con las leyes que van en contra de Dios y del bienestar de los pueblos.

Termino este capítulo con el pensamiento de Glenn Beck en su libro "Common Sense" (Sentido Común): "Los lugares preparados en el Infierno están reservados para aquellos que permanecen neutros en tiempo de grandes conflictos morales."

Creo que es tiempo de protestar y actuar, mientras que tengamos la oportunidad de hacerlo, por que vendrán tiempos en que nuestra opinión no tendrá validez, como sucede en Rusia, China, Cuba, Venezuela y los países comunistas de Sur y Centro América. Así que quiero dejar en claro mi opinión como ciudadano de este país que amo de corazón.

Problemas Que Han Afectado Nuestra Filosofía De La Vida.

Sabemos que el 11 de Septiembre del 2001 trajo grandes cambios a nuestro país, pero no para bien sino para mal. Desde los políticos y gobernantes hasta las personas comúnes y corrientes han sentido los problemas causados por el ataque terrorista del 11 de Septiembre. Esto ha traído grandes cambios y reacciones, no sólo por el dolor que nos causaron los más de tres mil muertos sino también porque la mayoría de las personas estamos actuando con preocupación.

Aunque queremos hacer lo mejor posible en nuestro trabajo, pero a pesar de eso nos han quitado horas de trabajo. Muchas personas han perdido su empleo. Los comestibles han subido sus precios a causa de la situación económica de nuestro país. Un gran número de personas han perdido sus casas. Muchas de las ayudas del gobierno han sido eliminadas. Muchas personas hoy no están interesadas ni siquiera en la educación de sus hijos ni en la asistencia a su Iglesia. El costo de la educación ha subido enormemente.

Por otra parte vemos muchos problemas familiares,

la rebeldía de los hijos, y la autoridad de las esposas en los hogares, la gran cantidad de divorcios, todo esto está afectando nuestra sociedad. Hoy son muchas las preocupaciones que nos desvelan, como son el futuro de nuestros hijos y nietos, la situación económica que va empeorando, los peligros de nuestros hijos en las escuelas con las drogas, las gangas, la falta de honestidad y la perversión de la moral, tanto en maestros como en estudiantes, nos aterra.

Nos preocupamos por enseñar a nuestros hijos lo mejor que podemos pero cuando regresan de la escuela su vocabulario y su comportamiento no son lo que le hemos enseñado en el hogar. Eso lo aprenden en nuestras escuelas y universidades. Creo que si no hacemos algo para cambiar esto nuestro país va al fracaso. Tenemos que defender nuestros principios aunque vaya en contra de la filosofía popular.

No somos pesimistas o críticos inconscientes, sólo creemos que no debemos seguir la corriente popular. Yo se que nos pueden decir, retrógrados, fanáticos religiosos. Yo estoy consciente que para enfrentar esta situación es necesario ser valiente, pero de los cobardes nunca se ha escrito nada. Esta protesta no la hacemos porque queremos algo para nosotros, sino porque estamos preocupados por nuestra nación, por nuestras familias.

Yo entiendo que hay una preocupación por los ataques terroristas que a menudo nos amenazan, pero eso no nos autoriza a abusar de personas inocentes, como las redadas que dejan niños inocentes sin protección, dividen los hogares, y abusan de personas que su único delito es tratar de conseguir honradamente el pan de sus hijos.

Otra cosa que nos preocupa es que nuestros políticos

están más interesados en conseguir dinero que hacer leyes que beneficien a los ciudadanos, todas las cartas que recibo dicen, "Necesitamos dinero para ganar las elecciones, porque nuestros contrarios quieren subir los impuestos, pero ellos se siguen enriqueciendo."

No tenemos ninguna objeción en sacrificarnos por nuestro país, pero necesitamos ver los resultados, deseamos ver políticos honestos, personas que se preocupen por el bienestar de sus ciudadanos.

Aquí quiero recordar lo que nuestro presidente Jimmy Carter expresó en la conferencia en la Casa Blanca el día 6 de Diciembre de 1978, a raíz del aniversario número 30 de la firma de la declaración Universal de los Derechos Humanos. (Universal Declaratión of Human Rights). "La declaración de los Derechos Humanos no es algo que circunda alrededor de los contratos que los Estados Unidos hacen con otros países. Nuestras leyes sobre derechos humanos no es una decoración para pulir nuestra imagen frente a otros países, o un dibujo de un sobretodo de moral como ha sucedido con las desacreditadas pólizas o contratos del pasado. Nuestra percepción de los derechos humanos es parte de nuestro gran esfuerzo para usar nuestro poder y nuestra gran influencia en servicio de un mundo mejor; un mundo en el que los seres humanos puedan vivir en paz, con libertad y con sus necesidades básicas cubiertas. Los derechos humanos es el alma de nuestras pólizas, y yo quiero decir esto con toda seguridad, porque los derechos humanos es el centro de nuestro sentido de nacionalidad."

No puedo dejar de mencionar aquí la preocupación por nuestros soldados, como están muriendo en tierras extrañas; otros vienen enfermos o mutilados.

Esto no va a evitar los ataques terroristas, por que los terroristas más peligrosos son los que están aquí, como hemos visto en varias ocasiones. En realidad esto no hace sentido común.

Sí, estamos de acuerdo con defender nuestra patria, pero ya llevamos más de 7 años enviando jóvenes a estos países dónde están siempre en peligros de perder sus vidas con muy pocos resultados. Nuestro presidente electo prometió traer nuestros soldados a casa, pero después de 8 meses en el poder cambio de opinión y creo que va a enviar unos 35,000 más a estos países musulmanes. Pidamos a Dios por nuestros soldados, y por los que están encargados de dirigir nuestras tropas.

EL AUMENTO DE LA CIENCIA
Y EL CONOCIMIENTO ES
SEÑAL DEL RAPTO

En el libro del profeta Daniel, hablando del tiempo del fin, el ángel que hablaba con él le dijo: "Los entendidos resplandecerán con el resplandor del firmamento, y los que enseñan la justicia a la multitud como las estrellas a perpetua eternidad. Pero tú Daniel, cierra las palabras y sella el libro, hasta el tiempo del fin. Muchos correrán de aquí para allá, y LA CIENCIA SE Aumentará," (*Daniel 12:3-4*)

Tenemos el maravilloso descubrimiento del telepahatic microchip que puede ayudar a las personas parapléjicas a manejar una computadora sin mover la boca. Esto fue inventado por un científico Británico, llamado John Stratley. Hemos visto como la ciencia y el conocimiento del hombre se ha aumentado, en estos últimos 20 años, ha habido cientos de descubrimientos científicos en todas las ramas del saber.

En la medicina ha habido grandes descubrimientos, tanto en cuanto a las operaciones, como en los medicamentos. Ya a una persona no necesitan abrir su cuerpo para una cirugía del corazón, esto es maravilloso.

En cuanto a la ciencia nuclear. Tenemos armas poderosísimas, en cuanto a los vuelos espaciales con una exactitud perfecta. En este tiempo se está construyendo lo que llaman el segundo sol, que de acuerdo con sus planes estará terminado en el 2018. Esto será una máquina que competirá con el sol. En su construcción se usarán 10 toneladas de bronce, y gran cantidad de concreto y una serie de materiales especiales para que produzca luz y calor. Yo creo que esto es una provocación contra Dios. Que el Señor tenga misericordia de nosotros.

Tenemos el famoso telescópio Hubble, en realidad la ciencia ha traído adelantos para el bien de la humanidad. Tenemos también el rápido aumento de la tecnología, los seres humanos se pueden comunicar desde cualquier parte del mundo. La ciencia de la comunicación hace maravillas.

Viendo estas señales en conjunto con las que fueron dichas por el Señor Jesucristo en el capítulo 24 de Mateo nos damos cuenta que estamos en los últimos tiempos. El Señor hablando acerca de los últimos tiempos dijo: "Se levantará nación contra nación, reino contra reino; y habrá pestes y hambre, terremotos en diferentes lugares." (*Mateo 24:7*)

Todas estas cosas las estamos viendo hoy, en todos los periódicos y en los noticieros estamos viendo noticias, de rumores de guerras y terremotos en muchos lugares.

El periódico La Voz de América reportó un reciente ataque en el Internet que fue como un asalto al gobierno de los Estados Unidos, que se ha creído fue instigado por Corea del Norte.

El Dr. Jack Van Impe en su periódico "Briefing Intelligence" dice, "El uso del Internet por el gobierno y los negocios puede ser un blanco fuerte para un ataque del enemigo."

También tenemos el peligro de Irán. El ministro de la defensa de Irán Ahmad Vahidi, quien está acusado de participar en el ataque en el centro cultural Judío en Argentina, en el 1994. En su primer discurso como ministro de defensa de Irán le envió un mensaje a Israel dejándole saber que cualquier ataque a las repúblicas Islámicas o a sus instalaciones nucleares tendría una poderosa respuesta.

Esto, de acuerdo con el gobierno Argentino fue una de las 5 personas que perpetraron el ataque donde perdieron la vida 85 judíos. Por otra parte el ministro de la defensa de Israel, Uzi Rubin informa que Irak tiene tecnología y estrategia preparada para misiles internacionales o de largo alcance. Las guerras en el medio Oriente continúan en mayor o menor grado.

La Palabra de Dios nos dice que habrá señales en el sol, la luna y las estrellas. En un informe reciente de la NASA y científicos de E.U. informan que han encontrado en el polvo de un cometa elementos de seres vivientes que pudieran vivir en otros planetas. Y de acuerdo con el informe de los descubrimientos por medio del telescopio Hubble han encontrado estrellas, que no conocían. Aunque hay en nuestro mundo unas 100 millones de galaxias, con unas 200 a 400 millones de soles cada una.

La palabra de Dios nos muestra que en este tiempo sucederán grandes acontecimientos, como el dominio del Anticristo, que será el que gobernará el mundo. Hoy está el mundo en la búsqueda de ese hombre. Los gobiernos del mundo están organizando el gobierno universal. Y no tardará mucho tiempo en que veamos esto hecho realidad.

Muchos no creen en la Biblia, pero las profecías dichas miles de años se están cumpliendo con una exactitud increíble. Por supuesto, yo pienso y muchos miles de creyentes entendemos que la Iglesia de Cristo será levantada; esto se refiere a todas las personas que han puesto su fe en el sacrificio de Cristo Jesús, para su redención. A esto lo llamamos el Rapto, después de esto vendrán grandes plagas, y juicios de Dios sobre la tierra.

La Batalla Por La Fe

En los reportes de Así Time que llegan por correo electrónico dicen que aquí cualquier acto terrorista se apunta a Al quaeda, ya sea en Pakistán o en cualquier otro lugar, pero cuando se reporta el ataque a los cristianos a nadie parece interesarle. Por ejemplo, la semana pasada se reportó la matanza de 7 cristianos, ellos fueron quemados junto a 100 casas y una Iglesia donde fueron torturados por un musulmán enojado con los cristianos.

La palabra de Dios dice que habrá persecución, aunque en todos los tiempos ha habido persecución en los tiempos finales será mucho más fuerte. No podemos dejar de advertir que Ud. puede librarse de ese tiempo, si puede creer lo que Dios dice en su palabra, Juan 3:16 dice, que de tal manera Dios te amó que envió a su hijo Cristo a morir pagando así tus ofensas a Dios, el pecado ofende a Dios. Todo aquel que cree eso y acepta su perdón tendrá la salvación y la entrada al reino de Dios. Y el apóstol Pablo dijo al carcelero de Filipos: "Cree en el Señor Jesucristo y serás salvo, tú y tu casa." (*Hechos 16:31*)

Plagas y Pestilencias
Otras Señales Del Rapto

Se ha reportado que el "Swine Flu" puede enfermar este año alrededor de 2 millones de personas en los Estados Unidos. Algunas autoridades del Departamento de la Salud han informado que esta enfermedad que también se identifica como H1N1, puede enfermar hasta un 50% de los habitantes del país este año. Y si esto sucede tendremos grandes problemas en los hospitales y en las clínicas han informado los consejeros científicos del departamento de Salud a la Casa Blanca.

Si hay una pandemia de esta enfermedad morirían por esta causa alrededor de 30,000 a 90,000 personas este año. De acuerdo con el plan presentado por el comité científico y técnico, el cual afirma que se usarán el 80% de las camas en los hospitales, por lo que tendrán que eliminar las cirugías electivas como son la operación de bypass, hernias y otras cirugías pequeñas.

Esta información fue enviada a las autoridades superiores por el Centro de Investigación de Enfermedades de Estados Unidos, la cual informa que ya hay más de un millón de personas enfermas con el flu.

El Presidente Barack Obama dando atención a ese

reporte está urgiendo al colegio de medicinas que saquen lo más pronto posible la producción de la vacuna para la prevención, o sea el antídoto. Pidamos al Señor su misericordia para nuestro país.

Otra de las plagas de los últimos tiempos creemos que es el SIDA, conocido también por VIH positivo. De acuerdo con el informe del departamento de salud tenemos ya en los E.U. más de un millón de personas infectadas con este virus mortal. Ahora mismo están buscando voluntarios para que participen en un estudio de investigación con el fin de encontrar la cura.

COSAS QUE PASAN QUE PARECE QUE NADIE VE

A veces tenemos las cosas tan cerca de nosotros, y no las vemos. No sé si es que ya estamos acostumbrados, o si es que no le damos importancia, pues la deshonestidad y el crimen se hacen algo tan común que ya las personas no le ponen mucha atención. Aunque están en las noticias, en nuestros barrios y aun en nuestras casas.

Creo que si pusiéramos más atención a la realidad que vivimos, nos acercaríamos más al Señor. Pero pienso que todo esto lo hemos aceptado como norma de vida. Es posible, pero la realidad es que por estas cosas los hombres se alejan de Dios, y por estas cosas Dios puede enviar castigos a la tierra. Si observamos los títulos de las noticias diarias nos daremos cuenta que andamos muy mal, tanto como nación, como ciudadanos honrados, y aun como cristianos.

Ejemplo: Una investigación del Pentágono investiga caso de corrupción Daily News, Octubre 28, 2009. Gran preocupación por los ladrones por Internet, tratan de entrar en su cuenta bancaria y su correo electrónico, para robar The New York Times. "Tres Arrestos" en Richmond High School, de una ganga, por robo. Trevor Keezon, empleado de Home Depot informa que fue despedido de su trabajo por usar un botón con el lema "Una Nación Bajo Dios" (One Nation Under God).

En doce (12) minutos en un ataque en Kabul, un hombre con un rifle automático enviado por el Talibán. Orlando Sentinel, Oct. 28, 2009, se anuncia el funeral de Somer Thompson que fue asesinada la semana pasada, saliendo de su escuela. Esta era una niña de 7 años que fue raptada, abusada sexualmente, la mataron y la tiraron en un basurero.

Tenia razón Blas Pascal, filósofo y escritor francés cuando dijo, "No espero encontrar más de 3 hombres honestos en un siglo." Yo pienso que todavía hay personas honestas pero son muy pocas. También Diógenes, filósofo griego (El Cínico) del siglo 4 A.C. La historia dice que encendía una lámpara, en pleno día, y salía según él en busca de hombres honestos.

Creo que para las personas sin el temor de Dios es difícil ser honesto en el medio ambiente en el que estamos viviendo, pero para las personas que conocen a Dios tienen que ser distinto. Cuando vemos como va el mundo nos asusta, todo se ha cambiado, creo que lo bello y lo bueno se ha perdido, necesitamos clamar a Dios por su misericordia.

Yo personalmente he tenido algunas experiencias sobre eso. He puesto negocio dos veces en sociedad con otros y he comprobado que no eran honestos. Y de igual manera cuando he prestado algún dinero, no sólo he perdido el dinero sino también el amigo.

Creo que todas las personas tienen oportunidad de engañar y mentir pero sé que podemos ser honestos si nos proponemos. Yo se que las personas que tienen temor de ofender a Dios le es fácil ser cabales y honestos. Y es la única manera de vivir en este mundo sin temor. Los tiempos que estamos viviendo son malos, vivimos en un mundo viejo y malo, pero si el Señor está con nosotros triunfaremos. "Todo lo puedo en Cristo que me fortalece." (*Filipenses 4:13*)

Principios Para Recordar

1- Cree que solo Cristo Jesús puede ayudarte en todos tus problemas comenzando con tu salvación, y cuando hablamos de salvación hablamos que nos salva de la condenación eterna, el infierno eterno. Y nos librará de la hora que vendrá después del arrebatamiento de la Iglesia, o sea en el tiempo que la Biblia llama La Gran Tribulación.

2- Debes ser fiel a los principios establecidos en la Palabra de Dios, ser una persona honesta, veraz, para eso debes estudiar la Biblia y pedirle al Señor que te de sabiduría para entenderla.

3- Debes aprender a defender lo que Dios ha permitido que tengas mucho o poco, y que puedas compartirlo con quien tú quieras y no como el gobierno te exija, por esa razón estudia bien las personas por quienes le vas a dar tu voto.

4- Si quieres tener la bendición del Señor, cuida tu hogar, ama a tus hijos, enséñale buenas costumbres, enséñales el temor a Dios. Honra a tu esposa, se veraz con tus hijos, cuando prometas algo cúmplelo, y no temas disciplinarlos, un día te lo agradecerán.

5- Ama la libertad, defiéndela, ese es un derecho que Dios nos ha dado, no permitas que te la arrebaten, si puedes evitarlo, aunque tenemos la responsabilidad de obedecer a nuestros gobernantes no lo olvides pues están ahí porque Dios lo ha permitido.

6- Teme la justicia, tanto la justicia de Dios como la de los hombres, vive bajo los principios de la ley de Dios, y no tendrás temor de nada. El salmista David dice: "El que habita al abrigo del Altísimo, morará bajo la sombra del Omnipotente." (*Salmos 91:1*)

7- Como buen ciudadano no esperes que la patria haga algo para ti, trata tú de hacer algo para mejorarla. Eso sólo lo podrás hacer cuando pienses en el bien de los demás, ora por tus vecinos ama a todos, aprende a perdonar a los que te ofenden y te irá bien.

8- Vive con la esperanza, puesta no en los gobiernos, ni en los hombres, sino en Dios, quien es el dador de todo bien. Quien al mar sombrío, olas y peces dio, luz a los cielos al norte hielo, vida a las plantas, movimiento al río, y vida y luz a los hombres. No olvides que Dios te dio una vida para que trabajes mientras que vivas, y vivirás hasta que termines el trabajo que El te ha designado.

9- Si quieres alcanzar sabiduría, debes leer la Santa Biblia porque es la Palabra de Dios. Escucha este testimonio. Cuando un graduado de la Universidad de Wofford, en California del Sur, Estados Unidos, sube a la plataforma de graduación para recibir su diploma, símbolo de cuatro años de esfuerzo intelectual, también recibe otra cosa de gran importancia para su vida posterior: Una copia de la Santa Biblia. Desde el año 1856 cuando salieron los primeros graduados de la Universidad de Wofford hasta ahora, continua esa linda costumbre de obsequiar la Biblia a todos sus graduados, aunque hoy tenemos muchas y muy buenas traducciones de la Biblia, La Biblia Wofford es tenida en un alto aprecio. En las palabras del primer presidente de esa Universidad, el Dr. Guillermo M. Wightman que dijo: "La educación hace a los hombres cultos y poderosos, pero solamente la educación cristiana los hace buenos." En relación con eso tenemos el pensamiento de Abraham Lincoln: "Creo que la Biblia es el mejor regalo que Dios jamás haya dado a los hombres. Todo el bien que emana del Salvador del mundo se nos comunica a través de este libro." Mi consejo es que lo leas para ser sabio, créelo para ser salvo, practícalo para ser santo.

Quiero terminar este breve capitulo con la sentida oración de mi querido Hermano en Cristo y coparticipe en el trabajo que hacemos en la cárcel, Samuel Fontanez, y reza así, "Oh Dios, necesito tu presencia cada momento, para poder servirte en verdad, tu oh Dios, levantas al caído para que tu nombre sea glorificado, sabemos que el hombre no puede por sí mismo salvarse, revélate Señor al corazón necesitado. La vida no tiene valor sin el sello de tu Espíritu, levanta Oh Dios en medio de tu pueblo sacerdotes, para que el mundo pecador se arrepienta de sus pecados y puedan mirar al Rey de Reyes y Señor de Señores, por que pronto se aproxima el gran día de Dios. Y del lodo de la tierra levantarás a sus siervos, transformará su carácter y renovará su esperanza. Oh Dios excelente en poder y gracia, ¿Cómo puedo pagarte tu misericordia presentándote en el Calvario? ¡Oh Dios de bondad! Mi alma tiene sed de ti, por que se que tu eres un Dios vivo, te amo Amén."

Diferencia Entre Conocimiento Y Sabiduria

Después de confrontar algunos diccionarios, les quiero dar la definición de la palabra conocimiento que yo siento que es la más correcta, conocimiento, es el resultado psicológico de percepción por medio del aprendizaje o razonamiento. De acuerdo con Oxford Diccionario, significa experiencia y destreza adquirida por alguien o algo, por la práctica o por estudios. El conocimiento es una bendición pues abre muchas puertas en la vida, tanto para trabajos como para las relaciones sociales y culturales, el conocimiento se puede adquirir, para el bien o para el mal, recuerdo bien cuando estaba en Mercy College, Dobb Ferry, New York, estaba un joven que también cursaba sus estudios y me confesó que él se estaba preparando para entrar en un laboratorio donde estaban construyendo armas de destrucción masiva, en otro país.

Y así tenemos muchos hombres en la historia, que han adquirido gran conocimiento, para hacer daño a otros como Adolfo Hitler, Fidel Castro, Mahmoud Ahmadinejad, quien quiere destruir al pueblo de Israel.

Y muchos más, sabemos que tenemos hoy toda clase de información a nuestra disposición.

Hemos visto muchos que se han especializado en las computadoras, y por medio de ese conocimiento han robado millones de dólares a muchos ciudadanos.

Sabemos también que hay muchas personas que han adquirido conocimiento para el bien de la humanidad, como son Billy Graham, Martín Lutero, Jonathan Edwards, el hombre que Dios uso para el gran avivamiento del comienzo del siglo XVIII. Pudiéramos nombrar muchos más, pero sólo queremos decir que han sido grandes lumbreras en este Mundo, por lo que queremos agradecer al Señor por estos hombres que pusieron sus conocimientos, sus vidas y todo cuanto tenían al servicio de Dios para el bien de los hombres.

En cuanto a la palabra Sabiduría, aunque puede haber cierto parecido no es igual, pues es un regalo de Dios, y no necesariamente viene por el conocimiento, alguien dijo; hay sabios ignorantes, e ignorantes sabios. La palabra Sabiduría de acuerdo con Wikipedia Enciclopedia significa sagacidad, discernimiento sensibilidad. La sabiduría da la habilidad de conocer la diferencia entre el bien y el mal, entre el buen camino y el camino erróneo. Es un conocimiento intuitivo, y da la capacidad para aplicarla con efectividad en los problemas de la vida. Encontré que esta era una buena definición, aunque de acuerdo con la Palabra de Dios, la sabiduría es un don de Dios, no sé si conoces el caso del Rey Salomón, hijo de David, al que el Señor le dio gran sabiduría, el cual nos da grandes enseñanzas sobre lo que es sabiduría. En el Libro de Proverbios 1:7 nos dice: "El principio de la sabiduría es el temor a Jehová, los insensatos desprecian la sabiduría."

Creo que es posible alcanzar esa sabiduría que solo Dios la puede dar, en el evangelio según San Juan 15:7, El Señor Jesucristo hablando dijo: "Si permanecieres en Mi, y mis palabras permanecieren en vosotros, pedid todo lo que queréis y os será hecho." Por supuesto hay una condición y es estar en Cristo, esto es poner tu fe y tu confianza en el Sacrificio de Cristo Jesús, aceptarlo como tu Salvador personal. Si nunca lo has hecho puedes hacerlo en este mismo momento sólo tienes que pedir perdón a Dios por tus pecados, y El escribirá tu nombre en el libro de la Vida. Y podrás pedir sabiduría para enfrentar todos tus problemas. Por eso quiero hacerte un llamado a que busque la verdadera Sabiduría, Que es la que El Señor da. El consejo de Salomón en Proverbios 4:5-6 dice: "Adquiere sabiduría, adquiere inteligencia, no olvides mis palabras ni te apartes de las razones de mi boca."

No abandones nunca la sabiduría, y ella te protegerá, ámala y ella te cuidará.

Y el Apóstol Pablo nos explica la importancia de la sabiduría en I de Corintios1:24-25 dice: "Por que para los que Dios ha llamado, lo mismo Judíos que Gentiles, Cristo es el poder de Dios, la sabiduría de Dios. Pues la locura de Dios es más sabia que la sabiduría humana, y la debilidad de Dios es más fuerte que la fuerza humana." Y esto implica reverencia a la Palabra de Dios. La verdadera sabiduría busca conocer las cosas espirituales, esto sólo lo podemos alcanzar cuando lo pedimos al Señor.

Hoy hay millones de libros, que te pueden impartir conocimiento, pero hay solo un libro que te puede dar sabiduría. Santiago dice en su carta Universal, "La sabiduría que es de lo alto, es primeramente pura, despuès pacifica, es amable, benigna, llena de misericordia y buenos frutos, sin incertidumbre ni hipocresía."

(*Santiago 3:17*) Oh, como necesitamos hoy hombres y mujeres con esa sabiduría, para gobernar nuestra tierra, para dirigir la obra del Evangelio, para gobernar nuestras familias.

He aquí una sabia amonestación de un hombre del siglo V, A.C. un prominente ciudadano de la ciudad de Atenas, Grecia. Por la época de Pericles, un famoso filósofo, político, decía a sus conciudadanos, "Si pudiera subir al lugar más alto de Atenas, Alzaría mi voz y proclamaría, compañeros ciudadanos, Por que os cuidáis de revolver hasta la última piedra con el fin de acumular riquezas, y os cuidáis tan poco de velar por vuestros hijos a quien un día le dejareis todo. Esto no es sabiduría." Y como un ejemplo de la gran sabiduría que Dios dio a Salomón, le diré la historia de su primer juicio, yo sé que muchos lo conocen, pero tal vez habrá otros que no lo conocen está en I de Reyes 3:16-28.

La Sabiduria De Salomon

Después que él pidió a Dios Sabiduría y comenzó a reinar dice la historia que en aquel tiempo vinieron al rey dos mujeres prostitutas, y se presentaron delante de Él. Y dijo una de ellas: Ah Señor mío, yo y esta mujer morábamos en una misma casa, y yo di a luz estando con ella en la casa, y aconteció que al tercer día después de dar a luz yo, que esta dio a luz también y morábamos nosotras juntas; ninguno de fuera estaba en casa, sino nosotras dos en casa, y una noche el hijo de esta mujer murió, porque ella se acostó sobre él, y se levantó a media noche y tomó a mi hijo de junto a mí, estando yo tu sierva durmiendo y lo puso a su lado, y puso al lado mío su hijo muerto, y cuando yo me levanté de madrugada para dar el pecho a mi hijo, he aquí que estaba muerto; pero lo observé por la mañana y vi que no era mi hijo, el que yo había dado a luz, entonces la otra mujer dijo, no mi hijo es el que vive, y tu hijo es el muerto. Y la otra volvió a decir no, tu hijo es el muerto y mi hijo es el que vive, así hablaban delante del Rey.

Entonces el Rey dijo: "Esta dice: mi hijo es el que vive y tu hijo está muerto, y la otra dice no, mas el tuyo es el muerto y mi hijo es el que vive." Y dijo el Rey:

"Traedme una espada, y trajeron al rey una espada y enseguida el Rey dijo: Partir por medio al hijo vivo y dad una mitad a una y la otra mitad a la otra."

Entonces la mujer de quien era el hijo vivo habló al rey por que sus entrañas se conmovieron por su hijo, Ah Señor mío, dad a esta el niño vivo y no lo mates, pero la otra dijo: ni para mí ni para ti partirlo, entonces el rey respondió y dijo, dad a aquella el hijo vivo y no lo matéis, ella es la madre. Y todo Israel oyó aquel juicio y temieron al rey por que vieron que en El había sabiduría de Dios. Dios te puede dar sabiduría para dirigir tu hogar, tus negocios y tu vida si te encomiendas a Él.

TÚ ERES ESE HOMBRE

Estas palabras fueron dichas a uno de los hombres más prominentes que ha tenido el mundo, al Rey David, pero no como elogios sino señalándolo como hombre que había cometido un gran pecado, David había cometido adulterio, y además mandó a matar al esposo de esa mujer, pero siendo el Rey, creía que podía burlar la justicia. Pero no fue así, pues Dios dice que no dará por inocente al culpable. (*Nahúm 1:3b*)

Cuantas veces pensamos que podemos eludir la justicia, pensando que eso queda olvidado, pero no es así. Todos tendremos que comparecer un día a la presencia de Dios. Dice 2 Corintios 5:10: "Porque es necesario que todos comparezcamos ante el tribunal de Cristo, para que cada uno reciba según lo que haya hecho mientras estaba en el cuerpo, sea bueno o sea malo."

Ni aun David, siendo el Rey de Israel, fue librado de la justicia de Dios cuando el profeta Natán fue a verle para reprenderle de parte de Dios. Tú y yo tendremos un día que estar en la presencia de Cristo Jesús para dar cuenta de nuestras vidas. Cuando juzgamos a los demás, es fácil acusar a otros y condenarlos, pero cuando el reo soy yo tengo una y mil excusas.

Recuerdo el caso que sucedió en un pueblito cerca

de mi casa en La Habana, Cuba. Al principio que Fidel Castro subió al poder los jueces eran personas escogidas por los comunistas, y cuando acusaban a alguien era el pueblo el que lo juzgaba. Y si por cualquier razón un ciudadano acusaba a alguien y las gentes gritan paredón, eso significaba fusilamiento, la historia es que acusaron a un joven de ser opuesto al gobierno, lo acusaron de revolucionario y la gente gritó paredón, y enseguida la multitud gritó paredón, en ese grupo iba la madre del joven ella no había visto quien era la persona y ella iba gritando también paredón, después se lamentaba. Y así hay muchas personas hoy.

La buena noticia es que a pesar que de acuerdo con la sentencia del rey era la pena capital. Porque de acuerdo con la sentencia de Dios, el pecado conlleva la sentencia de muerte, pero la misericordia de Dios es grande. Cuando David confesó su pecado, Dios lo perdonó. (*2 Samuel 12:13*) "Entonces dijo David al profeta Natán: Pequé contra Jehová." Y el profeta contestó, "También Jehová ha perdonado tu pecado." La Palabra de Dios dice en Romanos 10:9-10: "que si confesares con tu boca que Jesús es el Señor, y creyeres en tu corazón que Dios le levantó de los muertos, serás salvo. Porque con el corazón se cree para justicia, pero con la boca se confiesa para salvación." Tal vez tú eres ese hombre que necesita pedir a Dios perdón por tus pecados y el Señor está esperando que tú lo hagas, pues El quiere darte la salvación y la vida eterna.

Cristo Jesús dijo; "YO ESTOY A LA PUERTA Y LLAMO, SI ALGUNO OYERE MI VOZ Y ABRIERE LA PUERTA YO Entraré A EL Y Cenaré CON EL Y EL CONMIGO." (*APOcalipsis. 3:20*)

Dios necesita hoy personas que quieran llevar el poderoso mensaje de salvación y vida eterna. Tú puedes ser esa persona. Sería muy bueno que el Señor te escogiera tu puedes ser esa persona, en realidad no importa que sea un hombre o una mujer, el rey David recibió el perdón, pues los juicios de Dios son llenos de su misericordia, cuando estamos dispuestos a reconocer nuestros fallos y pedir perdón al Señor.

Enfrentarse a la inmoralidad y el latrocinio en el que se está hundiendo nuestro país, tu puedes ser ese hombre o esa mujer, porque queremos destacar el valor y la sabiduría de la mujer moderna. El mundo necesita reconocer los verdaderos valores que no son las riquezas, porque esas se pueden perder de un día para otro, no son los bienes materiales, son los valores que pueden hacer feliz a los seres humanos de los cuales quiero señalar algunos.

LAS COSAS MEJORES PARA LA FELICIDAD LAS CUALES ESTÁN A NUESTRO ALCANCE:

1- La mejor educación: Es el conocimiento de Dios: El conocimiento del Santísimo es la inteligencia. Proverbios 9:10b.

2- La mejor ley: La regla de oro: Así que, todas las cosas que queráis que los hombres hagan con vosotros, así también haced vosotros con ellos, porque esto es la ley y los profetas. Mateo 7:12.

3- La mejor filosofía: Vivir dependiendo de las promesas de Dios, Cristo dijo: No os afanéis por vuestra vida, que habéis de comer o que habéis de beber; ni por vuestro cuerpo, que habéis de vestir, ¿No es la vida más que el alimento, y el cuerpo más que el vestido? Mirad las aves del cielo, que no siembran ni siegan, ni recogen en graneros, y vuestro Padre Celestial las alimenta. Mateo 6:226

4- La mejor guerra: La batalla contra nuestras debilidades, Santiago dice: Someteos pues a Dios, resistid al Diablo y huirá de vosotros. Acercaos a Dios, y él se acercará a vosotros, pecadores, limpiad las manos; y vosotros los de doblado ánimo, purificad vuestros corazones.

5- La mejor medicina: contentamiento y paz. Gran ganancia es la piedad acompañada de contentamiento; porque nada hemos traído a este mundo, y sin duda nada podemos sacar. I Timoteo 6:7.

6- La mejor música: es la risa de un niño inocente, porque ellos sienten la presencia de Dios.

7- La mejor ciencia: es el conocimiento de la grandeza del Altísimo por que es lo único que te puedes llevar al partir de este mundo.

8- La mejor pintura: una sonrisa en el rostro de un niño, pues sientes un gran placer cuando puedes hacer feliz a un niño.

9- El mejor mensaje: Las buenas noticias de Salvación y vida eterna ese es un mensaje de esperanza. Dios te ama.

10- La mejor biografía: la que describe el apóstol Pablo en I Corintios 13, esa es la biografía del amor de Dios, trae paz al alma, y gran bendición al corazón del hombre.

11- La mejor matemática: La que multiplica la alegría, divide tristezas, y aumenta la felicidad.

12- La mejor construcción: la que tiene como fundamento a Cristo por que El es la roca inquebrantable de los siglos. El Señor Jesús hablando con el apóstol Pedro le dijo: "Sobre esta piedra edificaré mi Iglesia", estaba hablando de la respuesta del apóstol cuando le dijo; "TÚ ERES EL CRISTO EL HIJO DEL DIOS VIVIENTE," Mateo 16:18. Tú amigo, puedes alcanzar esas virtudes, tú puedes ser ese hombre o esa mujer si te pones en las manos de Dios.

Tierra, Tierra Oye
Palabra De Jehová

Esas son las palabras que gritó el profeta Jeremías mientras profetizaba sobre los castigos que venían sobre el reino de Judá, en tiempos del Rey Joacin, por la maldad, el engaño y la hipocresía del sistema político y religioso de su pueblo. Yo al mirar la situación de nuestra tierra, quiero clamar como el profeta, Tierra oye palabra de Jehová y vuelve a tus principios por que el juicio de Dios puede caer sobre nosotros.

Es grande y solemne la amonestación que Dios hace a los pueblos por sus palabras, recordemos que esta es la tierra que El hizo, y que llenó de hermosura para que fuese nuestra habitación, todo lo hizo hermoso en su tiempo, incluyendo al hombre, que fue hecho del polvo de la tierra, y en quien puso espíritu viviente, lo cual lo hace a su imagen y semejanza. Y es la tierra que por causa del pecado del hombre fue maldita, trayendo como resultado, la tristeza, la enfermedad y la muerte.

Fue también a causa del pecado, las maldades y rebeldía de los habitantes de la tierra que Dios a mandado grandes juicios a los hombres, como el diluvio universal en el tiempo de Noé, o la destrucción de Sodoma y

Gomorra, que fueron destruidas por fuego en el tiempo de Abraham. Podemos mencionar muchos más en el pueblo de Israel, donde fueron desalojados de su tierra, y llevados cautivos a Babilonia, y también a Asiria, y otros territorios. Es por esa razón que yo clamo a la tierra y sus habitantes. Tierra oye palabra de Jehová antes que el juicio del juez justo se derrame sobre nosotros.

Es a esta tierra a quien Dios habla, Dice el libro de Hebreos, "Dios habiendo hablado muchas veces y de muchas maneras en otro tiempo a los padres por los profetas, en estos postreros días nos ha hablado por el Hijo, a quien constituyó heredero de todo, y por quien asimismo hizo el universo. Y fue también por la visita de Cristo el hijo de Dios que vino al mundo dejando su gloria para rescatar a los seres humanos de la condenación eterna. Fue por su amor al mundo que El creó y por su gran misericordia que vino a este mundo para pagar por nuestros pecados y librarnos del infierno eterno al cual estábamos destinados.

Y fue la tierra que vió como las multitudes enardecidas por las falsas acusaciones de los religiosos le gritaban a Pilato el oficial romano, "Crucifícale, Crucifícale" cometiendo así el más grande de los crímenes que jamás se haya cometido. Pero era la única manera en que el hombre puede salvarse, pues es por fe en el sacrificio de Cristo Jesús que libra al hombre de la condenación.

Fue la tierra que El mismo creó en la que se cavó un hoyo donde levantaron la cruz en la cual sería clavado el inocente justo y perfecto hijo de Dios. Es a esta tierra la que Dios quiere hablar y El está diciendo por su Palabra:

Si no se arrepienten de sus pecados perecerán, pues eso está establecido en su Palabra, dice Romanos 6: 23:

"Por que la paga del pecado es muerte, más la dádiva de Dios es vida eterna, en Cristo Jesús Señor Nuestro." Pero la tierra también fue testigo de las palabras más hermosas que jamás han oído oídos humanos, "CRISTO HA RESUCITADO." Resucitó para probar que verdaderamente es el Hijo de Dios; el Redentor de aquellos que pueden creer en El, Dice Romanos 1:4: "Fue declarado Hijo de Dios con poder, según el Espíritu de santidad, por la resurrección de entre los muertos."

Creo que otra sería la suerte de los habitantes de la tierra si oyeran el llamado de Dios a arrepentimiento y fe en Cristo Jesús, es el Hijo de Dios, el Cristo resucitado quien está hablando todavía. El dijo, "Venid a mi todos los que estáis trabajados y cargados, y yo os haré descansar." (*Mateo 11:28*)

Habitantes de la tierra, oíd el llamado de Dios, hoy puede ser este día. Quiero que sepas que Dios te ama, por tal razón envió su Hijo al mundo para que puedas descansar en las promesas de Dios que son fieles y verdaderas, por que

El te ofrece hoy salvación y vida eterna.

PREDICCIONES DEL
FIN DEL MUNDO

Durante siglos han sido muchos los profetas que han profetizado sobre el fin del mundo, y es evidente que hasta hoy no se han cumplido ninguna de sus profecías. Sabemos que muchas profecías se han cumplido en relación con otros acontecimientos, como ejemplo todos los profetas bíblicos se han cumplido todas sus profecías, se cumplieron al pie de la letra, y aun otros profetas del mundo gentil, como Nostradamus, que han tenido aciertos en algunas de sus profecías, pero pienso que en su profecía sobre el fin del mundo en el año 2012 está equivocado.

El anuncio del fin del mundo produce una gran inquietud a las personas que no saben lo que pasará con sus vidas. Sabemos que el más conocido después de los profetas bíblicos ha sido Nostradamus, (Michel de Nortre Dame) quien en 1555 expresó en una serie de versos, sus profecías que abarcan hasta el fin del mundo y aparece en la centuria X72. LA PROFECIA SOBRE EL FIN dice, "en el año 1999 siete meses después vendrá al mundo." Un gran Rey de Marte al cual temerán todos, quien los llevara a la destrucción.

De acuerdo con los intérpretes de las profecías de Nostradamus es en esta centuria que el habla del fin del mundo, recordemos que en el tiempo de Nostradamus el año era de 10 meses. La referencia al rey de terror en esa centuria se puede identificar con el Anticristo. Y la referencia al Marte tiene relación con una guerra, ya que en la antigüedad clásica Marte es el dios de la guerra, y según interpretes de sus profecías esto significa que en el apogeo de una gran guerra, un fenómeno atmosférico daría fin a la humanidad.

PREDICCIÓN DEL CALENDARIO MAYA

Los mayas que poseen el calendario más exacto que conocemos, lo cual nos sorprende por sus conocimientos, nos dice que el fin del mundo será el 21 de Diciembre del año 2012, y que será el comienzo de una nueva era. La realidad es que hay hoy como en otras épocas, muchos profetas que están anunciando el fin del mundo.

También muchos científicos están hoy convencidos que el mundo está cerca a su fin. Algunos están preocupados por los meteoros, piensan que si un meteoro impacta contra la tierra pueden destruir el planeta. Pues se habla que un meteoro impactó al planeta Júpiter. Los científicos han informado que algunos meteoros han pasado muy cerca de la tierra. Otra posibilidad que están temiendo es un ataque nuclear, pues hoy todas las grandes potencias tienen defensa nuclear.

Muchas personas no saben que varias veces hemos estado en peligro de un gran conflicto nuclear, por ejemplo el 9 de noviembre de 1979, aviones interceptores Americanos y Canadienses despegaron de sus bases con orden de ataque, durante unos minutos de alarma mundial que duró solo 6 minutos. Todo fue por una cinta de prueba que contenía un ataque aéreo y fue tan rápido que no se informó ni al presidente, Jimmy Carter, ni al Estado Mayor.

Otra ocasión fue el 3 de Junio de 1980 un ligero error en una computadora de los sistemas de aviso índicó que había sido enviado un proyectil nuclear de la Unión Soviética contra Estados Unidos. Esta alarma duró 3 minutos. Cualquier equivocación en cualquier nación con sus defensas nucleares puede desatar una guerra de destrucción mundial.

DESASTRES DE LA NATURALEZA

Otros científicos hablan de posibilidades de desastres ambientales, como el calentamiento de la atmósfera a causa del agujero de la capa de ozono, en un informe del departamento atmosférico, dice que las temperaturas están subiendo desde el 1970, en el noroeste hasta 1.3 grados dañando la agricultura, esto trae como resultado la extinción de la fauna y la contaminación del aire y el agua y esto puede destruir al mundo en poco tiempo.

PELIGROS DE LAS ENFERMEDADES PESTILENTES

De acuerdo con los especialistas en salud, las enfermedades pestilentes es otra amenaza para los habitantes del planeta. La historia nos informa de la peste que mató a miles de personas en la edad media en

Europa, y hoy tenemos enfermedades pestilentes como son el SIDA, el H1N1 que pueden infectar multitudes. Aun más peligrosas son el ébola y el ántrax que de propagarse pueden destruir la entera población mundial en poco tiempo y estos son peligros reales que amenazan nuestro mundo.

El Juicio Final

En la mayoría de las religiones nos hablan del día del fin, o el día del juicio final. Las principales religiones del mundo tienen profecías sobre eso, siendo las principales religiones; los cristianos, los judíos religiosos, y los musulmanes. Aunque hay otros que lo presentan en otra forma pero que tienen el mismo fin, la destrucción del mundo.

TENEMOS LA PROFECIA DE LA NUEVA ERA

Información de la revista Atalaya. Dice: Estamos viviendo el fin del tiempo, no el fin del mundo, el fin de una era mundial, esto es un ciclo de tiempo de 5125 años, la presente era mundial se inició en el año 3114 A.C., y termina en el año 2012, de acuerdo con los expertos en su interpretación de sus profecías cada 5125 años la tierra y nuestro sistema solar llega a un punto en el espacio que evoca el final del ciclo universal.

PROFECÍA DE EDGAR CAYCE
(El profeta durmiente)

Profetizó que en el año 2000, los polos de la tierra se moverían y que en el año 1999 comenzaría la batalla del Armagedón. Este profeta es americano, nació en Kentucky en el año 1877.

PROFECÍAS DE MICHAEL DROSNIN

Autor de código Bíblico, por medio de su investigación dice que encontró en la Tora, (*un documento judío que consiste en el Pentateuco, o sea los 5 primeros libros de la Biblia*). El mensaje dice que un cometa caerá sobre la tierra a principios del año 2012 y aniquilará la vida humana, esto será de acuerdo con el día final.

EL ARREBATAMIENTO DE LA IGLESIA Y EL FIN DEL MUNDO DE ACUERDO CON LAS ENSEÑANZAS DE CRISTO.

La primera cosa que queremos informar es que cualquiera que ponga una fecha específica a estos acontecimientos está equivocado y la Biblia dice: "Que el profeta que no se cumplan sus profecías es un profeta falso." Deuteronomio 18: 22. El Señor Jesús anunció su segunda venida, y los acontecimientos del fin del tiempo, y nos dio señales específicas las que sólo la pueden entender y creer los verdaderos hijos de Dios. Eso lo encontramos en Mateo 24, Marcos 13:1-2 t Lucas 21:5-6 También los apóstoles Pablo, Pedro y Juan hablaron de esos acontecimientos. Los cuales entendemos que será como sigue:

El Rapto De La Iglesia Universal

El Señor descenderá en las nubes, pero no llegará a la tierra, los muertos en Cristo resucitarán primero y los creyentes que viven serán transformados en un abrir y cerrar de ojos. I Tesalonicenses 4:16-17. Pero antes tendremos señales para identificar el tiempo de su venida, pero no el día, la fecha exacta nadie la sabe sólo el Padre Celestial. Mateo 24:36.

Señales

1- Falsos profetas y falsos cristos, como lo hemos visto y los seguimos viendo hoy. Mateo 24:11

2- El evangelio predicado en todo el mundo. Mateo 24:14

3- Habrá señales en los cielos y en la tierra Luc. 21:25-26 dice habrá señales en el sol, en la luna y las estrellas, y en la tierra angustia de las gentes, confundidas a causa del bramido del mar y de las olas.

4- Desfalleciendo los hombres a causa del temor y la expectación de las cosas que sobrevendrán en la tierra por que las potencias de los cielos serán conmovidas.

5- Habrá guerras y rumores de guerras. Mateo 24:6

6- Carácter de los hombres de los postreros días 2 de Timoteo 3:1-3 dice: "También debes saber esto: que en los postreros días vendrán tiempos peligrosos. Porque habrá hombres amadores de sí mismo, avaros, vanagloriosos, soberbios, blasfemos, desobedientes a los padres, ingratos impíos, sin afecto natural, calumniadores, intemperantes, crueles aborrecedores de lo bueno." Me parece que estamos viendo todas estas cosas hoy. Creo que la manifestación del Anticristo; este término es usado solamente por el apóstol Juan en sus dos primeras epístolas. Aunque el anticristo se menciona en las sagradas escrituras con otros nombres también, este término significa que se opone a Cristo, y que quiere ocupar el lugar de Cristo. Pablo menciona el hombre de pecado que usurpa el lugar de Dios. 2 Tesalonicenses 2:3.

7- Habrá también persecución de los cristianos. Sabemos cómo en Rusia y China han muerto los cristianos, ahora los musulmanes están matando y poniéndolos en prisión. Y aquí en nuestro país pienso que no tardará mucho en la persecución de los creyentes, de la manera que están sacando a Dios de todas partes, me refiero al gobierno. Todas estas señales están cumplidas así que solo esperamos el Rapto de la Iglesia, que creemos que está cerca, pero no estamos pensando en el 2012, puede ser antes o después pero va a ser una realidad, tal vez usted no lo crea pero la palabra de Dios se cumple siempre. Inmediatamente después del rapto sigue el...

GOBIERNO DEL ANTICRISTO,

Un líder mundial, un gobierno de acuerdo con las profecías de Daniel tendrán diez reyes que dominarán el mundo, tendrá el poder político, militar y religioso, marcarán todas las personas con un número (666). Este período durará 7 años, y habrá paz en los primeros 3 años, podrá controlar el mundo. Después habrá grandes castigos de Dios donde aparecen en Apocalipsis cuatro caballos con grandes males para los que siguen al anticristo; que tendrá con él un falso profeta que hará grandes señales para engañar a los hombres, la autoridad y dirección se la da Satanás que es el que gobierna el mundo bajo el anticristo, al cumplirse los 7 años reunirá todos sus ejércitos para destruir a los judíos y en ese tiempo descenderá Cristo para pelear con esos ejércitos. Eso es lo que llamamos la Batalla del Armagedón, porque esa batalla tendrá lugar en el valle que se llama Armagedón, donde serán destruidos el anticristo el falso profeta que serán lanzados vivos al infierno, y el Diablo será atado y lanzado al infierno por mil años.

En Apocalipsis 13,1-2 dice el apóstol Juan: "Me paré sobre la arena del mar, y vi subir del mar una bestia que tenía siete cabezas y diez cuernos; y en sus cuernos diez diademas; sobre sus cabezas un nombre blasfemo, y la bestia que vi, (el anticristo) era semejante a un leopardo, y sus pies como de oso, y su boca como boca de león y el dragón (El Diablo) le dió poder y su trono y grande autoridad."

Pero eso sólo le dura 7 años, al llegar Cristo a la tierra. En Apocalipsis 14:9-11 dice, "El tercer ángel gritó diciendo a gran voz, si alguno adorara la bestia, y a su imagen, y recibe la marca (el número 666) en su frente o en su mano, el también beberá del vino de la ira de Dios, que ha sido vaciado puro en el cáliz de su ira; y será atormentado con fuego y azufre delante de los santos ángeles y del cordero (Cristo, el cordero de Dios). Y el humo de su tormento sube por los siglos de los siglos."

EL MILENIO

Cristo reinará en Jerusalén por mil años. En el Apocalipsis 20:1, el apóstol Juan dice: "Vi un ángel que descendió del cielo con la llave del abismo, y una gran cadena en la mano y prendió al dragón, la serpiente antigua, que es el Diablo, Satanás y lo ató por mil años, y lo arrojó al abismo, y lo encerró, y puso su sello sobre él para que no engañe más a las naciones, hasta que fuesen cumplidos mil años y después de esto debe ser desatado por un poco de tiempo."

Después del milenio habrá un corto periodo de tiempo, para probar las personas que no quisieron adorar al Señor, se reunirán con Satanás para pelear la última batalla donde serán vencidos y condenados por toda la eternidad. Apocalipsis 20:9-10. Ahí será el gran día del Señor, el cielo y la tierra serán renovados, (*2 Pedro 3:7*) y aquí comienzan las edades eternas. Cristo Rey y juez supremo reina para siempre, con los redimidos. Si puedes creer estarás allí. Esta ha sido una exposición a grandes rasgos esto no es un tratado de Teología, pero es una breve exposición de lo que en verdad creemos que sucederá así y la única y gran razón que tengo para creer eso es que Dios lo dijo y El nunca se ha equivocado.

Recomendaciones Finales

Entendemos que no podemos discriminar a nadie en este país, esa es una de las buenas leyes de nuestro país. Debemos respetar cada individuo no importando cual sea su afiliación política, su opinión, su color, su raza, su edad o religión.

En nuestra declaración de independencia (Declaration of Independence) dice que todos los hombres son creados igual, que somos dotados por el Creador con ciertos derechos inalienables, y en ellos está la vida, la libertad y la búsqueda de la felicidad. Y el gobierno está constituido para asegurarnos esos derechos.

No Te Mantengas Neutral

Hay algunas razones por las que las personas se mantienen neutrales, son indolentes ante la injusticia y la maldad, no aman los privilegios que tienen, no se preocupan por las generaciones venideras incluyendo sus hijos y nietos. Esto es porque tienen miedo, o por apatía y negligencia. Todos los seres humanos tienen el derecho de defender sus vidas su hogar y su patria. Y aquellos que aman al Señor, debemos defender sus leyes mientras nos sea posible.

Debemos Pedir a Dios Por Nuestros Gobernantes Y Respetar Las Leyes De La Tierra.

El Apóstol Pablo hablándole al Pastor Tito dice: "Recuérdales que se sujeten a los gobernantes y autoridades, que obedezcan y que estén dispuestos a toda buena obra." (*Tito 3:1*) Y, en I Pedro 2:13-14 dice: "Por causa del Señor someteos a toda institución humana, ya sea al rey, como a superior, ya a los gobernadores, como por él enviados..." La Palabra de Dios nos exhorta a orar por nuestros gobernantes.

Adelante, Dios Es Con Nosotros

En I Crónicas 22:18 dice, "¿No está con nosotros Jehová nuestro Dios...?" y el Señor Jesucristo dijo, "Yo estoy con vosotros, (refiriéndose a los que creen en él) hasta el fin del mundo." Mateo 28:20b. El rey David dijo, Con nosotros esta Jehová nuestro Dios, cuando quería levantar un templo a Dios y había preparado los materiales para esa construcción. Esto era oro, plata y hierro en abundancia. Y la orden era, levantaos y edificad. David no lo pudo hacer por orden de Dios, pero su hijo Salomón lo logró. Pero yo creo que nosotros sí lo podemos hacer, estoy hablando de levantar nuestro país, si tomamos en cuenta este razonamiento, el cual podemos hacer nuestro, dado que el tiempo apremia.

Nuestra nación ha sido bendecida por Dios, así como lo fue el pueblo de Israel en el tiempo de David, El Señor nos ha permitido tener paz y prosperidad hasta ahora, pero estamos preocupados porque nuestro pueblo le ha vuelto las espaldas a Dios y esto puede traer grandes consecuencias. Pero todavía tenemos los materiales, para construir, tenemos hombres que tienen mucho valor como el oro, tenemos la fortaleza del hierro en los valientes que saben enfrentar la lucha por el bienestar de la nación y a los que no les duele el sacrificio, tanto en dar su tiempo, orando, como sus facultades para levantar su voz y defender la justicia y el bien común.

Esto es para los valientes. Recuerda que aunque tengas los años de Matusalén, la sabiduría de Salomón, y la fuerza de Sansón, no nos servirán de nada si no buscamos la dirección de Dios.

RECUERDE ESTO, CUANDO ELIGAS SUS CANDIDATOS

Cuando tenga la oportunidad de elegir sus gobernantes, debe investigar bien, Orar, y buscar no el que a usted le agrade, sino al que entienda que va hacer el mejor para tu país. "Encomienda a Jehová tu camino confía en él y él hará." (*Salmos 37:5*)

Cuando señalo alguno de los problemas que estamos enfrentando como nación, no sólo en la educación sino también en el comportamiento general de nuestros pueblos, tanto en la educación como en la moral, la honradez, la ética y el comportamiento, lo hago porque creo que es una responsabilidad como ciudadano que desea ver un país próspero y con la bendición de Dios.

Pero veo que hay una ambición desenfrenada, tanto en los políticos y gobernantes, como en los bancos y los negocios, es increíble, pero cierto.

Por supuesto, yo deseo por este medio despertar la comunidad en general con el fin de que pueda haber una solución digna. Cada ciudadano es responsable por sus hechos. Y como dice el famoso refrán el que siembra espinas no puede recoger flores. No es mi idea despertar malos sentimientos contra nadie en particular, ya que la ética me enseña el respeto y la consideración a los demás.

Yo entiendo que durante estos 230 años de independencia hemos tenido tiempos buenos y tiempos malos, buenos gobernantes y malos gobernantes. Pero el asunto que me preocupa es que el mundo se está inclinando a la teoría socialista, y nosotros vamos en ese camino, y ese ha sido el gran error de los pueblos libres.

Cuando los hombres entiendan el poder de la libertad y consideren la sangre que ha costado, entonces estaremos dispuestos a luchar por ella. El socialismo o comunismo, ofrece paz y trae guerras, ofrece igualdad y trae miseria, ofrece justicia y trae injusticia, opresión y muerte. Se pluraliza el materialismo y se enseña el ateísmo en las escuelas desde primer grado.

Aunque estamos asustados por todo lo que se avecina si no hay un cambio, podemos decir como la anciana que respondió a Federico Douglas, el gran orador negro, hablando de la abolición de los esclavos en E.U. En una ocasión encontrándose desalentado dijo, "La causa de la libertad de los esclavos parece andar muy mal, tenemos en contra el hombre blanco, el gobierno y el espíritu de la época, no hay esperanza", pero se levantó una anciana y con voz fuerte dijo, ¿Federico a Muerto Dios? "Nosotros sabemos que Dios está vivo, y que está en control, aunque él permite que los pueblos hagan sus decisiones, y por supuesto la consecuencia es el resultado de su decisión."

Otras Señales Acerca De Los Ultimos Tiempos

Hablando sobre los acontecimientos futuros, no podemos olvidar el pueblo de Israel, ya que es el que nos da la pauta de los acontecimientos escatológicos que estamos esperando. Sabemos por las profecías que el pueblo Judío es el pueblo que Dios eligió para traer al mundo su mensaje, porque está íntimamente relacionado con los acontecimiento futuros como estuvo cuando vino para redimir el hombre de las consecuencias del pecado, cuando vino Cristo por primera vez. Así el prometió también venir la segunda vez, pero esta vez vendrá como Rey y juez supremo.

Así que daremos una mirada a las profecías. En el Libro del profeta Daniel tenemos una información clara del panorama mundial, con su setenta semanas, y creo que estamos entrando a la última semana de acuerdo a los últimos acontecimientos que estamos viendo.

En esa semana tendrán lugar grandes acontecimientos de acuerdo con la palabra de Dios, como la llegada del anticristo que dominará el mundo por siete años, el levantamiento o rapto de la Iglesia, la resurrección de los creyentes y la gran tribulación. Después de la gran tribulación Cristo descenderá para reinar en la ciudad de Jerusalén donde se levantará el gran templo para el pueblo de Israel.

Hoy el pueblo judío está amenazado por los musulmanes, odiado por los enemigos de Dios, y oprimido por las agresiones de los países vecinos. Quieren dividir su territorio y destruirlos, pero eso no será posible, nadie los podrá sacar de su tierra, pues fue dada por Dios mismo.

La Biblia nos muestra que hace más de 4,000 años, que Dios le dio esa tierra a Abraham para su descendencia por medio de un pacto. (*Genesis 12:6-7*) Esto fue cuando Abraham llegó por primera vez a Canaán, lo que es Israel hoy. Después de unos años Dios reafirma su promesa a su siervo en Genesis 13:14-15. Queremos enfatizar en las palabras finales del verso 15 "para siempre", y también en Genesis 17:8 Dios dice a Abraham: "A ti y a tu descendencia daré en posesión perpetua toda la tierra de Canaán, donde ahora andan peregrinando y yo seré su Dios." Unos 300 años después José en Egipto seguía esperando la promesa de Dios de la entrada en la tierra que se le había dado. (*Genesis 50: 25-25*) También después de más de 400 años Dios prometió a Moisés sacar a su pueblo de Egipto y llevarlo a la tierra que Dios le había dado hacía mucho tiempo. (*Exodo 6: 8*) Además en Levitico 20:24, después que Dios le dio los mandamientos a Moisés le reitera la promesa de la posesión del territorio para la nación Judía.

Hay otras muchas menciones pero quiero enfatizar en la mención de los profetas que se refieren a los últimos tiempos. El compromiso de Dios con Abraham es antiguo, pero sigue siendo válido. En Números 23:19 dice: Dios no es hombre para que mienta, ni hijo de hombre para que se arrepienta." De acuerdo con Números 34:2, Dios mismo dio los límites del territorio que dio a Israel. Y El profeta Ezequiel presenta el plan de Dios para el futuro de su pueblo.

Hoy vemos con gran tristeza como las naciones quieren dividir la nación de Israel, incluyendo a nuestro presidente, Barack Obama, que en una ocasión antes de ser presidente en una reunión con el comité de asuntos públicos " ALPAC" Dijo, "Israel es Sacrosanto, no es negociable" pero ahora ha cambiado de opinión tratando de dar a los palestinos parte del territorio que es legítimamente propiedad del pueblo de Israel. Por otro lado tenemos a Ahmadinejad queriendo destruirle. Pero sabemos que nada ni nadie podrá sacarlos de ese territorio que fue dado por Dios a Abraham por medio de un pacto. Dios hizo un compromiso con Abraham, Isaac y Jacob y su descendencia, y es una nación escogida para mostrar el poder de Dios y para bendición del mundo, y le dio el título de la tierra que ha sido descrita como la tierra entre los ríos Nilo y Éufrates. El pueblo de Israel posee parte del territorio pero no todo, pero un día lo tendrá todo, porque es promesa de Dios.

Conocemos la historia de ese pueblo maravilloso, ha sido sacado de su territorio varias veces y en forma total dos veces, por castigo de Dios porque Dios es amor pero también es Juez justo, y condena y castiga la maldad.

Sabemos por la palabra de Dios y la historia que fueron llevados cautivos a Babilonia por Nabucodonosor en el año 586 a.c., donde permanecieron 70 años, (*Genesis 37:7-8 y Genesis 39:1-10)* Después de 70 años regresaron a su territorio donde fueron sometidos a otros gobiernos como los Seleucitas, Elamitas, Romanos hasta el año 70 D. C., cuando fueron sacados de su tierra por el cumplimiento de la profecía del Señor Jesucristo en Mateo 24. En el Reinado del Emperador Vespasiano y bajo el mando del General Tito, este exilio duró hasta Mayo 14 de 1948, que se restableció el pueblo de Israel por orden de N.U. y se les devolvió parte de su territorio. Y fue declarado estado libre después de 1878 años del exilio y de acuerdo con las profecías de los profetas Isaías y Ezequiel nadie podrá sacarlos de su territorio y destruirlos porque ese será el lugar del trono del Rey Cristo Jesús.

Sabemos que Israel está rodeado de enemigos, y aunque han habido esfuerzos para que haya paz en esa región no se ha podido conseguir hasta hoy, pero el Señor ha prometido un reino de paz y prosperidad que durará 1,000 años.

En los últimos 10 años hemos visto un gran crecimiento en las naciones musulmanas y muchas amenazas sobre el pueblo Judío. En una de las enseñanzas de Osama Bin Laden publicada en la prensa Islámica en Febrero 23 de 1998 dice: "Nuestra regla es matar a los americanos y sus aliados civiles y militares y esto es una tarea individual para cada musulmán que puede desempeñar en cualquier parte del mundo."

Una de las cosas de los últimos tiempos tiene que ver con la persecución a los judíos y a los cristianos. Pero la promesa del Señor es fiel y verdadera. En el libro del profeta Ezequiel 36:7-11 dice: "Por lo cual así ha dicho Jehová, el Señor; Yo he alzado mi mano y he jurado que las naciones que están a vuestro alrededor han de llevar su afrenta o moradores de Israel y yo daré ramas y llevareis frutos para mi pueblo." Y Ezequiel 37:25 dice: "Habitarán en la tierra que di a mi siervo Jacob, en la cual habitaron vuestros padres, en ella habitarán ellos, sus hijos, y los hijos de sus hijos para siempre."

Cristo dijo: "Cuando veáis esta cosas sabed que mi venida esta cerca." La palabra de Dios dice, "Yo estoy a la puerta y llamo, si alguno oye mi voz, y abre la puerta, entraré a él, cenaré con él y él conmigo." (*Apocalipsis 3:20*)

¿Tú Dices Que Dios No Existe?

Tú dices que Dios no existe, pues para mi es galardón,
Lo siento en el corazón cuando de amor me reviste,
Parece que no entendiste que El
hizo un mundo tan bello
Con su lucido destello que alumbra la humanidad,
Predicando la verdad a un mundo que vive ciego.

Sabrás que Cristo murió allá en el monte Calvario,
Quien envuelto en un sudario hasta el sepulcro bajo,
Tres días allí pasó queriendo pagar por ti
Lo que debemos aquí por maldición del pecado,
Pero ya resucitado te dice venid a mí.

Y ahora que lo sabes ya permíteme preguntarte
¿Serás capaz de quedarte sin la paz que él te dará?
O por tu bien hallarás lugar en tu corazón,
Aquel que por compasión dejó su trono de gloria
Y es el único en la historia que te ofrece salvación.

Si no sabes todavía que hay un juicio final
Donde Dios será fiscal que nos juzgue en ese día,
Cristo salvó el alma mía porque yo me arrepentí
Cuando juzguen a mi alma esta redimida
Y el Señor tendrá enseguida misericordia de mí

Julia Bermúdez

Para Ti Maestro

AMA A TODOS
Si no eres capaz de amar mucho
no trabajes como maestro.

TOLERA
Reten tus impulsos cuando veas algo que desapruebes.

NO ASUMAS, INVESTIGA
Enséñale al alumno lo que no sabe, no importa
quien debió haberlo enseñado y no lo hizo.

ESTRUCTURA
Explica, demuestra, exagera, expresa de distintas
maneras tu lección, busca lo importante.

INSISTE
Repite, repite cuantas veces sea necesario,
así como la naturaleza repite sus especies
hasta alcanzar la perfección.

UTILIZA
Todos los sentidos del alumno para enseñarlo.
Utiliza tu conocimiento, recuerda que
la cosecha depende de la siembra.

SORPRENDE
Sorprende al alumno con tu lección, el
factor sorpresa atrae la atención.

RECUERDA

Recuerda que el ser humano retiene y
aprende más cuando ve y oye, repite y
escribe lo que se le esta enseñando.

ALABA

Alaba y premia si es posible, al alumno que
progresa, que cumple con sus asignaciones.

CULTIVA

Tu alma y tu intelecto, para dar hay que tener mucho y
eso es lo que esperan de ti los que te confían sus hijos.
!

RECONOCE

Reconoce tus virtudes y tus defectos, reconoce
además las virtudes de otros y te ira bien.

REGALA

Elogios, gestos, aliento, esperanza, sonrisas,
amor, tú tienes un oficio divino.

COMPARTE

Tu corazón entre todos tus alumnos y obtendrás el
eterno recuerdo y gratitud de los hombres del mañana.

PIENSA

Piensa que serás un instrumento de
Dios para crear un mundo mejor.

INSPIRA

Con tu ejemplo, a que amen y sean bondadosos

ORA

Ora que el Señor te conceda el don de poder enseñar: A amar la vida, a amar a Dios, a ver lo bello del mundo, y a pensar lo útil que puedan ser en este mundo. En ti pongo mi fe maestro.

Anónimo